謎の渡来人　秦氏

水谷千秋

文春新書

734

『謎の渡来人　秦氏』・目次

はじめに

古代最大の氏族

日本の古代において最も多くの人口と広い分布を誇る氏族はなんだろうか。多くの古代史家の見るところ、藤原氏でも蘇我《そが》氏でもなく、物部《もののべ》氏でも大伴氏でもない。おそらく渡来系の秦《はた》氏に違いないといわれている。

戦前に大著『姓氏家系大辞典』を完成させた太田亮は、秦氏についてこう言っている。

天下の大姓にして、その氏人の多き事、ほとんど他に比なく、その分支の氏族もまた少なからず。而して上代より今に至る迄、各時代共、恒に相当の勢力を有する事も、他に類例なかるべし。

戦後、『日本古代人名辞典』を編纂した竹内理三氏は、秦氏を「殖産的氏族」と呼び、平野邦雄氏は「非貴族的・非官僚的体質を持った、著しく底辺の広大な在地的土豪氏族」

であったと述べている。山尾幸久氏は「財力と労働力とを提供して政治を動かしている隠然たる実力者」、「黒幕的政商」と表現する。また加藤謙吉氏は、「中央政界の一線で活躍することはあまりなく、むしろ大和政権や律令国家の基部を支える役割を果たした氏族」であったとしている。

秦氏の本拠地は山背国《やましろ》（現在の京都府南部）だが、その分布は日本列島各地にわたる。そこで彼らは農耕のみならず実に様々な産業の勃興に貢献し、増殖した。

秦氏関係者の居住したことが史料上確認できる国は、加藤謙吉氏の調査によれば、三十四カ国八十九郡に及ぶ。

北は下野国《しもつけ》・上野国《こうずけ》から南は豊前・筑後国に至るまで。特に多いのは、遠江《とおとうみ》・伊勢など東海地方から越前・若狭など北陸地方、美濃、近江、本拠地の山背、西国では播磨《はりま》や吉備、周防《すおう》など中国地方、四国では阿波、讃岐《さぬき》、伊予、九州北部の筑前、豊前など。少ないところといえば、関東以北や九州南部くらいであろうか。それ以外ではきわめて広範に分布する。

古代の戸籍や木簡などの史料には、「秦某」のほかに、「秦人《はたひと》某」・「秦人部《はたひとべ》某」・「秦部某」といった人名が書かれたものが多くみられる。いずれも秦氏の支配下にあった集団に

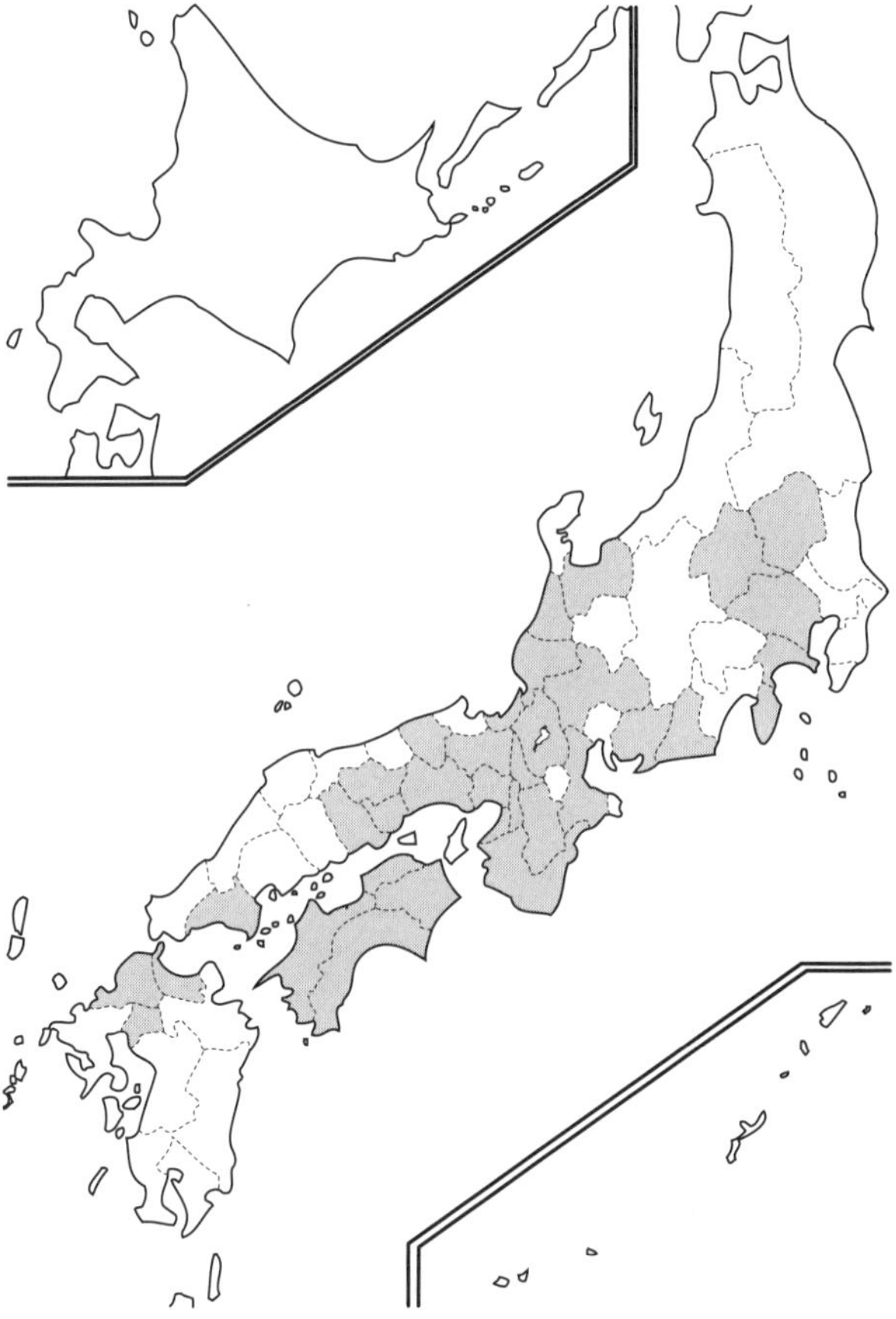

秦氏関係者の分布（古代の国別。加藤謙吉『秦氏とその民』をもとに制作）

属する人名であるとみられるが、それぞれどういう違いがあったのか、研究者によって意見の相違もある。

加藤謙吉氏によれば、秦人とは〝秦氏の配下にあって養蚕・機織製品の貢納なども行った渡来系の農民〟であり、秦人部・秦部とは〝秦氏に貢納していた倭人系の各地の農民〟であったという。秦人は朝鮮半島からの移住民、秦人部と秦部は倭人（日本人）という違いはあっても、両方とも基本的に農民だったと考えられている。

加藤氏の調査によると、秦人は十四カ国、秦人部は七カ国、秦部は十カ国、畿内及び西国一帯に広範囲に分布するという。彼らはみな秦氏族長の支配の下、王権に貢納した。これらが秦氏の経済力の大きな源であったといってよいであろう。

長岡京から平安京へ

日本最大級の規模と分布をもち、生産・経済力において抜きんでた存在であった秦氏だが、「隠然たる実力者」、「黒幕的政商」などと表現されるように、政治の前面に出たことは少ない。この氏族が史上最も脚光を浴びたのは、むしろ八世紀末の長岡京遷都、そしてその十年後の平安京遷都の折であったかもしれない。

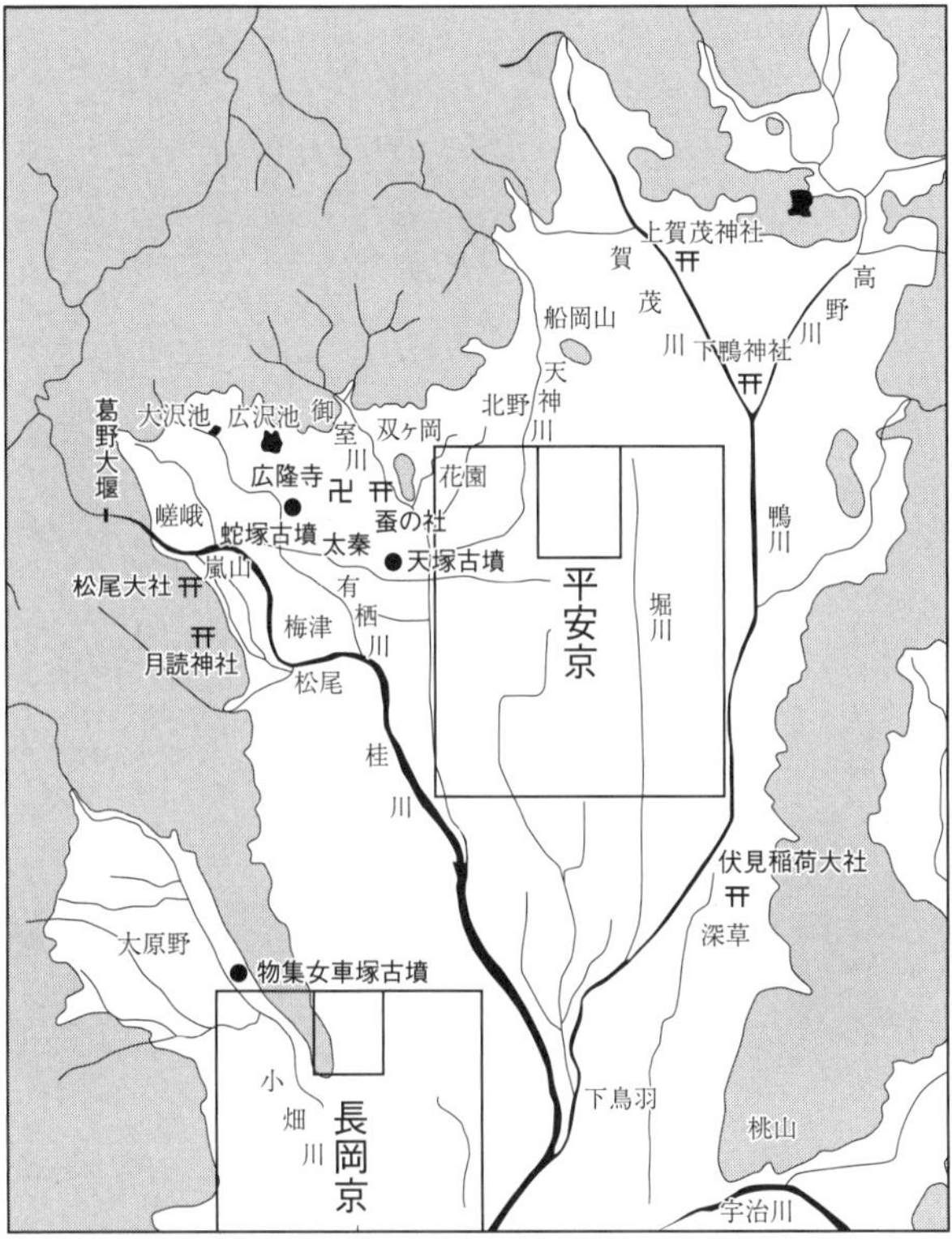
上賀茂神社
賀
茂
川
高
野
川
船岡山
下鴨神社
天
神
川
北野
葛
野
大
堰
大沢池
広沢池
御
室
川
双ヶ岡
花園
広隆寺
蚕の社
嵯峨
蛇塚古墳
太秦
天塚古墳
嵐山
松尾大社
有
栖
川
梅津
月読神社
松尾
平安京
堀川
鴨
川
桂
川
伏見稲荷大社
深草
大原野
物集女車塚古墳
小
畑
川
長岡京
下鳥羽
桃山
宇治川

秦氏関係地図

桓武天皇によって挙行されたこの二度の遷都に、秦氏は大きな役割を果たしたとされる。長岡京のあった山背国乙訓郡《おとくにのこおり》も、平安京のあった山背国葛野《かどの》郡も、いずれも秦氏のホームグラウンドであった。否、山背国一国とくに現在の京都市から向日《むこう》市辺りは、事実上秦氏の領国と化していたと言っても過言ではない状態であった。彼らは都を自らの本拠地に招聘し、その造営に力を尽くしたのだと言われている。

それにしても、秦氏はいつの間に、どのようにしてこの山背国の多くを手中にしたのだろうか。その影響力は政治・経済のみならず、宗教にまで及んでいる。いまも京都を代表する古社である伏見稲荷大社や松尾大社は、彼らの奉斎した神社である。上賀茂神社、下鴨神社は、その名の通り鴨氏の奉斎する古社であるが、のちには秦氏の介入するところとなった。渡来人である彼らが多くの神社と関わりを持った。考えてみれば意外な気もするが、そこに矛盾や葛藤はなかったのだろうか。

渡来人でありながら、列島最大の人口と分布を誇る氏族。またそうでありながら、政治の前面に出ることは少なく、隠然たる勢力を守った氏族。あるいは、渡来人でありながらいくつもの神社に関わった氏族。一筋縄ではいかない謎の部分をいくつも秘めているのが、この氏の特徴と言えるのかもしれない。

秦大津父の伝承

本書の冒頭でまず私が紹介したいのは、次の伝承である。それは『日本書紀』欽明即位前紀の冒頭に収められている。欽明天皇といえば、近江・越前から上京して即位した継体天皇の子どもにあたる。六世紀半ばころの大王だ。

天国排開広庭《あめくにおしはらきひろにわの》(欽明)天皇《すめらみこと》は、男大迹《おおど》(継体)天皇の嫡子なり。母は手白香皇后《たしらかのきさき》と曰《もう》す。天皇(継体)、愛《うつく》しびて、常に左右に置きたまふ。天皇(欽明)、幼《わか》き時の夢に、人有りて云《もう》さく、「天皇、秦大津父《おおつち》といふ者を寵愛《めぐ》みたまはば、壮大《おとこさかり》に及びて必ず天下を有《し》らさむ」といふ。寝驚きて、使を遣して普《あまね》く求むるに、山背国紀伊郡深草里《ふかくさのさと》より得つ。姓字、果たして夢にみたまひしが如し。ここに喜びたまふこと、身に遍《み》ち、未曾《めずら》しき夢なりと歎きたまふ。乃ち告げて曰く「汝、何事か有らむ」。答へて曰く「無し。但し臣《やつこ》、伊勢に商価《あきない》して来還《もうく》るとき、山に二狼相闘ひ血に汚れたるに逢ひき。乃ち馬より下りて口手を洗ひ漱ぎて、祈請《の》みて曰く、『汝はこれ貴き神にして麁《あら》き行を楽《この》む。もし猟士に逢はば、禽《と》られむこと尤も速けむ』と云ふ。乃ち相闘ふことを抑《おし》止《とど》めて血ぬれたる毛を拭ひ洗ひて、遂に遣放りて倶に命を全《また》からしむ」と曰す。天皇曰く、「必ず此の報ならむ」。乃ち近く侍《つか》へしめて、優《あつ》く寵《めぐ》みたまふこと日に新に、大いに饒富《にぎわい》を致せり。践祚《せんそ》に及至《いた》りて、大蔵省《おおくらのつかさ》に拝《つ》けたまふ。

欽明天皇が即位する前の幼いころのこと。夢の中で何者かがお告げを下した。その言葉とは、秦大津父という者を寵愛すれば、大人になったあとあなたは必ず天下を治めることができるでしょう、という内容であった。目覚めて彼は早速この名前の人物を探索させた。すると、本当に「山背国紀伊郡深草里」(現在の京都市伏見区深草)に同じ名前の人物がいるのが発見された。この奇瑞に驚いた若き欽明は、彼を召し出し、このような珍しいことがあるからには、何事か汝の身の上に起きたのではないか、と問うた。秦大津父は、最初は何も覚えがございませんと答えたが、しばらく考えたあと、このような話を始めた。

「私が伊勢に向って商価のために往来したときに、山中で二匹の狼が相闘い血に汚れているのに出くわしました。私は馬から降りて口を漱ぎ手を洗って禊《みそぎ》を行ない、祈請して申しました。『あなた方は貴い神で、荒々しい行《わざ》を好まれます(狼もまた〝大神《おおかみ》〟であるから)。しかしもしこんなところで猟師に出会ったら、たちまちに捕えられてしまいます』。そう言って、お互いが闘うのを押しとどめて血を洗い流して放してやり、両方の命を全うさせてやったのです」

話を聞いた欽明は、「きっとその報いなのだ」と言った。そこで秦大津父をお側近くに仕えさせ、日に日に厚く待遇されたところ、大層に富が増えた。践祚（即位）に至って、大蔵の官司に任じられた。

狼との決闘

欽明天皇には歳の離れた有力な兄が二人いた。のちに即位する安閑天皇と宣化天皇である。他にも多くの異母兄がいたから、いくら仁賢天皇の皇女手白髪皇女を母に持つとはいえ、年少の欽明に将来皇位が回ってくるかどうか、保証はなかったのだろう。その彼に、「秦大津父という者を寵愛すれば、あなたは必ず天下をとることができる」という夢告があったのである。

果たして大津父は「山背国紀伊郡深草里」にいた。ここは伏見稲荷大社のあるところとしても有名で、言うまでもなくこの神社も秦氏とゆかりがある。その彼が伊勢に商売のために馬に乗って山道を行く途中、狼の決闘に出会ったのである。

かつてはこの物語を、継体天皇没後の二朝並立を暗喩したものだ、という解釈もあった。継体天皇が亡くなったあと、蘇我氏の支援する欽明と、大伴氏・物部氏の支援する安閑・宣化の朝廷とに分かれて、数年の間二つの朝廷が争っていたという説である。今ではこの説の支持者もかつてより少なくなったが、山中で闘っていた狼とは対立した二つの勢力を意味し、これを秦氏が和睦するよう働きかけたのだ、という解釈が示されていた。面白いがいささか穿ちすぎのようにも思う。あえてそのような解釈をする必要はないだろう。

大津父は、山背から伊勢に向かう商いの途中、戦う狼（大神《おおかみ》）と出会った。両者の戦いを止めたのは彼も言っているように、猟師の手から神の命を守るためであり、神を敬うがゆえの行ないであった。それが報いとなって、欽明の夢のお告げによって抜擢されることになるのである。この点でいうと、そこには日野昭氏も指摘しているように、善行が報いられる仏教の因果思想的な傾向をみることもできるだろう。

この伝承は、秦氏について考えるとき、実にさまざまな興味深い視点を教えてくれる。「山背国紀伊郡深草里」が秦氏の拠点であったこと、秦大津父が山背から伊勢まで馬に乗って商いをしていたこと、そして狼の決闘を止めたことが遠因となって欽明に抜擢され、朝廷の財政に関わる大蔵官に任じられたこと等々。これらについては、のちの章でじっくり考えることとしたい。

ここで私が考えておきたい問題は、「秦大津父という者を寵愛すれば大人になったあとあなたは必ず天下をとれるでしょう」という夢告である。なぜ秦大津父を取り立てれば、欽明は天下人になれるのか。実際この夢告はその言葉通りに実現し、大津父を取り立てた欽明は天皇になることができた。単なる不可思議な霊験譚としてでなく、秦大津父を重用することで、実際にどういった利益が欽明にもたらされたのであろうか。秦大津父という人物の謎、秦氏という渡来人の謎がそこに隠されていると思うのだ。

答えの鍵は、記事の後半に見出せる。但しここをどう読むか、はっきりしないところがある。

「饒富」を得た者は

天皇曰、必此報也。乃令近侍、優寵日新。大致饒富。及至践祚拝大蔵省。

これを、岩波の日本古典文学大系本は、このように読む。

天皇曰はく、「必ず此の報ならむ」とのたまふ。乃ち近く侍へしめて、優く寵みたまふこと日に新なり。大きに饒富を致す。践祚《あまつひつぎしろしめ》すに及至《いた》りて、大蔵省に拝けたまふ。

同書の編者の一人である井上光貞氏監訳の中央公論社刊の『日本書紀』現代語訳には、右の部分はこう訳されている。

天皇は、「きっとこの行ないがむくわれたのであろう」といわれ、おそば近くにはべらせて手厚い待遇を与えられた。大津父が大いに富をなしたので、皇位をおつぎになってからは、大蔵省にお任じになった。

私がこだわりたいのは、原文に示されていない「大致饒富（大いに饒富を致す）」という文章の主語である。この現代語訳では、〝大津父が大いに富をなした〟とある。この文の主語は大津父とされている。同じ読みは、上田正昭氏、山尾幸久氏、加藤謙吉氏、中村修也氏などもされていて、最も新しく出版された小学館の新編日本古典文学全集本の現代語訳も、明示はされていないが大津父が主語のようである。

しかし本当にその読みでいいのだろうか。実は別の読みもある。横田健一氏は、「天皇は秦大津父をあつくめぐんで、大いに饒富を致し、践祚するにおよんで、彼を大蔵省の官にめした」と記す。そして大津父が「天皇に天下をとらせるだけの富を有し、したがっていわば大蔵省の長官に任じられるに価する人物とされた」と評価している。これだと、

「大いに饒富を致した」のは、欽明天皇だということになる。

「大致饒富」の主語は欽明なのか、大津父なのか。私は欽明だと考える。なぜなら、この文の前の「乃令近侍、優寵日新（乃ち近く侍へしめて、優く寵みたまふこと日に新なり）」の主語は、明示はされていないが天皇である。またそのあとの「及至践祚拝大蔵省（践祚に及至りて、大蔵省に拝けたまふ）」も、天皇が主語である。となると、この二つの文章の間に挟まれた「大致饒富（大いに饒富を致す）」だけが、大津父のことを言っているとは考え難いと思うからである。

文法と文脈に沿って解釈するならば、この三つの文章の主語は一貫して天皇のはずだ。「大いに饒富を致した」のは大津父ではなく、天皇であった。夢のお告げに従って大津父を登用したところ、天皇が「大いに饒富を致した」のである。そのおかげで、天下を治めることができたのだ。

だから以下のように読むのがふさわしいと考える。

天皇曰く、「必ず此れの報ならむ」。乃ち近くに侍へしめ、優寵するに、日に新に大いに饒富を致す。践祚に及至りて大蔵省に拝す。

現代語訳も挙げておこう。

天皇は、「これが報われたのだろう」と仰せられた。そうしてお側近くに仕えさせ、厚く待遇なさったところ、ますます大いに富を得られた。そこで即位されるに及んで、大蔵省に任じられた。

後半部をこのように読むと、「秦大津父という者を寵愛すれば、天下人になれる」といった夢告が欽明に下った意味がよく理解できるだろう。夢告にしたがって秦大津父を側近に登用したところ、欽明のもとには多くの富がもたらされた。そのおかげで天皇（大王）になれた彼は、大津父を大蔵省、すなわち朝廷の財政を預かる官僚に任じたのである。

欽明に天下を取らせた男

大津父は欽明に抜擢されて巨富を得たのではない。事実は欽明が大津父と付き合うようになって巨富を得たのである。この差は大きい。

横田氏のほかにこういう読みをしているのは、管見では大和岩雄氏だけだった。それにしても、なぜこれまでこういう読みがほとんどされてこなかったのだろうか。私の想像にすぎないけれども、欽明が秦大津父という渡来人と付き合いを始めたことが原因で多くの富を得、これによって天皇になることができた、という内容に、学者の中でさえ無意識の抵抗感や自己規制が働いたのかもしれないと思う。長年読み継がれてきた『日本書紀』だが、他にも古い固定観念やイデオロギーのために正しい読みが為されていないところもあるのかもしれない。

横田氏は、「注目すべきは、この秦大津父を得たならば天下を有す、すなわち天皇の位につくことができるであろうとさえいわれるほど、秦大津父が有力な富商であったことである」と述べている。

では何によって彼はそれだけの巨富を得たのだろうか。「伊勢に商価して来還るとき」とあるように、第一にあげられるのは商業活動である。『古事記』『日本書紀』などを見ても、大津父は本格的な商業活動をしていたとある、日本史上最初の人物といえる。

彼は山背・伊勢間以外にもあちこちを行き来し、商業活動を展開し、利益を上げていたに違いない。貨幣成立以前における「商価」とは、どういうものだったのか。何を流通することで、巨富を得ていたのか。これは秦氏の本質を考えるうえで外すことのできない問題であろう。この伝承については他にもとりあげるべき問題が多い。のちの章でじっくりと考えていきたい。

本書では秦氏の具体的なありさまを明らかにするとともに、日本古代の社会と文化の多様な実態に迫ってみたいと思う。冒頭にも述べたように、秦氏は最大の人口と分布を誇る豪族だ。秦氏を考えることは日本の古代について考えることであり、私たち自身の歴史を考えることに他ならない。

第一章　弓月君の渡来伝承

『記・紀』の記述

秦氏は、いつごろ、大陸のどこからこの日本列島にやってきたのだろうか。『古事記』、『日本書紀』は、彼らが倭国（日本）に来たのは、十五代応神天皇の時代だと記している。両書は、この天皇の時代に大陸から次々と人と文化が渡って来たように記しているのである。

『古事記』応神天皇段は、まず「新羅《しらぎ》人、参り渡り来つ」という。そして彼らを「引率」して建内宿禰《たけうちのすくね》が「百済《くだら》池」（奈良県広陵町百済と推定）を作らせたとある。つぎに百済の照古王が、阿知吉師《あちきし》なる人物を派遣して牡馬・牝馬を天皇に献上し、次いで論語・千字文を和邇吉師《わにきし》に託し、献上したとある。和邇吉師は『日本書紀』では「王仁《わに》」のことであり、文首《ふみのおびと》の祖である。さらに百済は、鍛冶技術者である「手人韓鍛《てひとからかぬち》、名卓素《たくそ》」と、機織り技術者である「呉服西素《くれはとりのさいそ》」も貢上したとされる。

秦氏と漢氏の祖先の渡来が記されるのはやっとそのあとである。

又、秦造《みやつこ》の祖《おや》、漢直《あやのあたい》の祖、及び酒を醸《つく》ることを知れる人、名仁番《にほ》、亦の名須須許理《すすこり》ら、参り渡り来つ。

（また、秦造の祖と漢直の祖、及び酒の醸造を知る人、名前を仁番、亦の名須須許理という人物らが渡来してきた）

このあと、須須許理が自ら醸造した酒を天皇に献上し、その味を誉められ歌を賜ったという伝承が続く。

『記・紀』は、なぜ応神天皇の時代に朝鮮半島の文物が大量に流入したと書いているのか。それは、応神の母の神功皇后がいわゆる「三韓征討」を行ない、朝鮮半島の諸国を屈服させたとされるからであろう。現在ではこれがどこまで史実を反映しているか疑わしい伝承とみなければならないが、『記・紀』ではこれ以後、大陸との交通が活発化していくという構想になっている。

ただそれにしても、『古事記』では新羅人、阿知吉師、和邇吉師、手人韓鍛、名卓素、呉服西素と相次いで大陸からやってきたとされる人々の伝承が語られるなかで、秦氏と漢氏の渡来伝承はずいぶん後のほうになって現われ、扱いも簡素である。「秦造の祖、漢直の祖」とあるだけで、彼らの名前も、どこからやって来たのかも記されていない。酒造技術者の祖先伝承が詳しく語られているのとは対照的に、秦氏と漢氏の祖先伝承はきわめて簡略にしか記されていない。

次に『日本書紀』をみてみよう。『日本書紀』は、応神十四年条に百済から弓月君《ゆつきのきみ》という人物が、百二十の県《こおり》から多くの人々を連れて移住しようとしたことを記す。

是歳、弓月君、百済より来帰《もうけ》り。因りて奏して曰く、「臣《やつかれ》、己が国の人夫《たみ》、百二十県を領《ひき》いて帰化《もう》く。然れども、新羅人の拒《ふせ》ぐによりて、皆加羅《から》国に留まれり」とまうす。ここに葛城襲津彦《かずらきのそつびこ》を遣して、弓月の人夫を加羅に召す。然れども三年経るまでに襲津彦来ず。

（この年、弓月君が百済からやってきた。そうして奏上して、「私は、自分の国の民を百二十の県

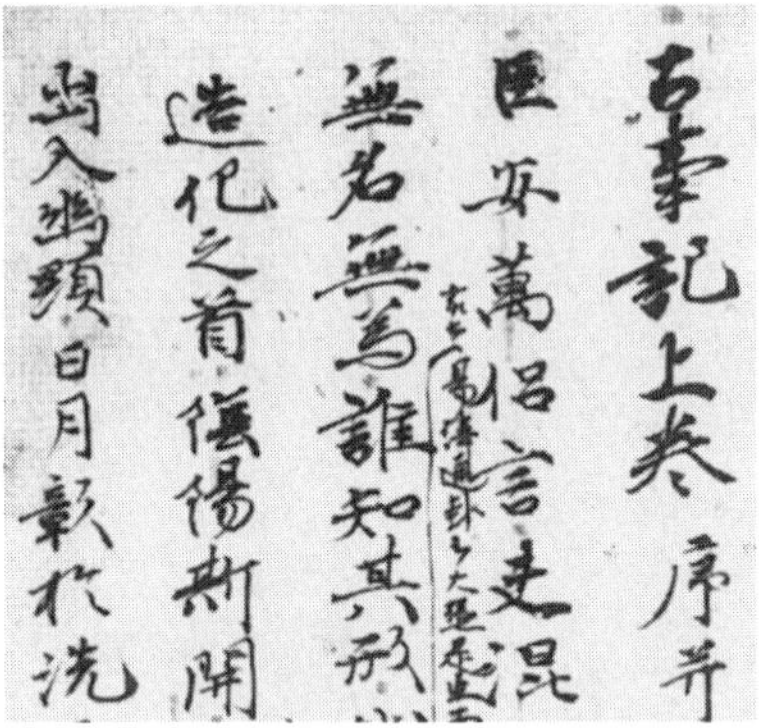
古事記上巻　序并
臣安萬侶言　夫混
無名無為　誰知其形
造化之首　陰陽斯開
出入幽顕　日月彰於洗

古事記

から率いて帰化いたしました。しかしながら、新羅人が妨害しましたので、民は皆、加羅国に留まっています」と申し上げた。そこで葛城襲津彦を遣して、弓月の民を加羅から招きよせた。しかるに、三年経っても襲津彦は帰って来なかった）

とある。その後、同十六年八月条には、天皇が平群木菟《へぐりのつく》宿禰・的戸田《いくはのとだ》宿禰を加羅に派遣し、新羅に対し襲津彦の帰還の妨害をやめるよう迫らせた。その結果、葛城襲津彦は弓月の民を率いて帰国できたという。

木菟宿禰ら、精兵を進めて新羅の境にのぞむ。新羅の王、愕《お》ぢて其の罪に服しぬ。乃ち弓月の人夫を率いて、襲津彦と共に来れり。

（木菟宿禰らは、精兵を進めて新羅の国境に臨んだ。新羅の王は、驚愕してその罪に服した。そこで弓月の民を率いて、襲津彦と共に帰還した）

注意しなければならないのは、『日本書紀』には弓月君が秦氏の祖先であるとはどこにも書かれていないことである。にもかかわらず、通説ではこの弓月君が秦氏の祖先だといわれている。それは平安初期に編纂された『新撰姓氏《しょうじ》録』左京にこのような伝承があるからだ。

始皇帝の子孫説

太秦公《うずまさのきみ》宿禰、秦の始皇帝の三世孫孝武王之後也。男功満王、足仲彦《たらしなかつひこ》天皇［諡《おくりな》仲哀］、八年来朝す、男融通《ゆうつう》王［一名弓月王］、誉田《ほむた》天皇［諡応神］、十四年来朝す、百二十七県の百姓を率いて帰化し、金銀玉帛等の物を献ず。

太秦公宿禰は秦氏の本宗家ともいえる家柄であるが、『新撰姓氏録』はその出自を有名な秦の始皇帝の子孫であると記している。そして「弓月王」という一名をもつ融通王が、応神十四年に百二十七県の百姓を率いて帰化したのが、秦氏の始まりであるとしている。系図にすると、次のようになろう。

秦の始皇帝―〇―〇―孝武王―功満王―融通王［一名弓月王］

これを参照すると、『新撰姓氏録』の融通王（弓月王）は『日本書紀』の弓月君と同一人物ということになるのである。

ただ、それにしても『日本書紀』に弓月君が秦氏の祖先だと、どこにも書いていないのは不思議だ。『古事記』も「秦造の祖」が応神朝に渡来したことは記すが、その人物の名前は書かない。『古事記』の記す「秦造の祖」の名が本当に「弓月君」なのかどうか、『日本書紀』の記す「弓月君」が本当に秦氏の祖先なのかどうか、片方だけでは何ともいえないが、間に融通王＝弓月王とする『新撰姓氏録』の秦氏系譜を介在させることによって、初めてこの二つは結びつくのである。

ルーツは慶尚北道か

『新撰姓氏録』では、秦氏は自らを秦の始皇帝の子孫と称し、倭漢《やまとのあや》氏も漢の高祖劉邦の子孫を称している。しかしいずれも『記・紀』にはない所伝である。『記・紀』編纂後に、主張された所伝と考えていいだろう。ただ、氏の名に秦と漢という中国古代を代表する王朝の名が使われているのは偶然とは思えない。もともと彼らはそれぞれの王朝の遺民（国が滅びたあとに残された亡国の民）を称していたとし、中国系の民族とする見解がかつては有力とされてきた。

しかし戦後は朝鮮半島からの渡来人とする説が支持されるようになり、通説になった。では秦氏の故郷はどこなのか。近年では、新羅・伽耶《かや》方面とする説が有力とされている。これは現在の慶尚北道蔚珍《ウルチン》郡海曲県の古名が「波旦《ハタ》」であることが根拠のひとつとなっている。

一九八八年に当地で発見された新羅の古碑にも「波旦」という地名が記されていた。この「ハタ」という氏の名前の由来については、この新羅のA古地名説のほかに、B朝鮮語の「パタ」（海の意）に由来するとする説、C朝鮮語の「ハタ」（大・巨・多・衆などの意味）に由来するとする説、またD朝鮮語のPoitil（機）と同源の言葉である、機織りのハタに由来するという見解もある。秦氏が大陸伝来の養蚕・機織生産を得意としていたからである。いずれも

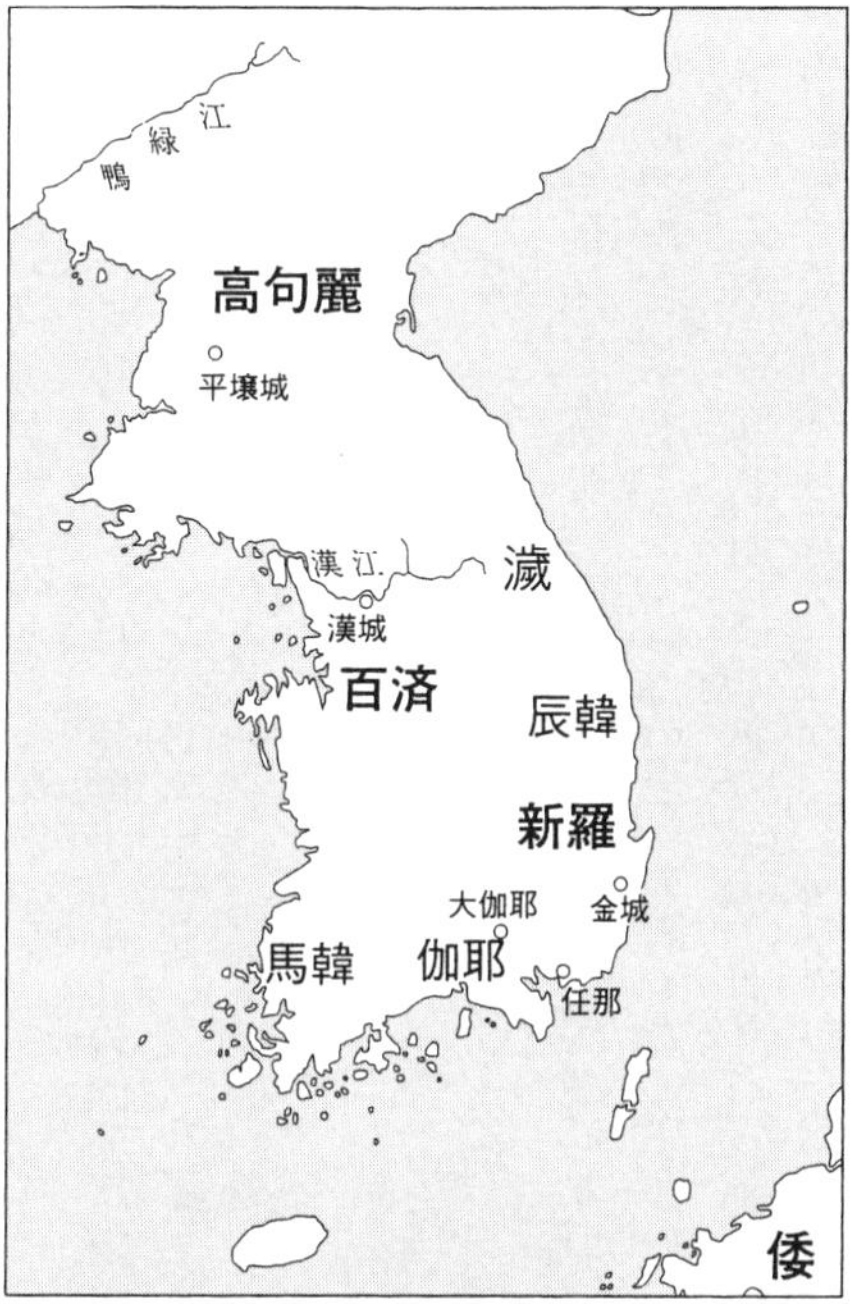

5世紀の朝鮮半島

甲乙つけがたいのが本当のところだ。

ちなみに倭漢氏に関しては、朝鮮半島南部の伽耶諸国のひとつ、安羅《あら》（安邪《あや》）と音が一致することから、おそらくこの地から渡来したのであろうという見解が有力となりつつある。ただ近年加藤謙吉氏は、漢氏（東漢《やまとのあや》氏・西漢《かわちのあや》氏）がこの「安羅方面から移住してきた複数の小集団から成る統合的な同族組織に基づく」とされるのに対し、秦氏は「擬制的な同族結合によって成り立っていた」もので、「出自・来歴を異にする渡来系集団の集合体として成立した組織」であったと推定している。

この点は私も賛成で、たとえこの氏の名前が慶尚北道蔚珍郡の地名「波旦」に基づくものであったとしても、ここ以外の出身の者もたくさんいたことは事実だろうと考える。加藤氏によれば、この氏は「氏族的な求心力はそれ程強くなく」、「各集団は互いに自立的な性格を備えていた」という。こうしたゆるやかな氏族連合を、西日本を中心とする列島各地に広範囲に築き上げた特性からすると、すべての秦氏を新羅系と決めつけてしまうのは早計ではないだろうか。

中国王朝由来の名前

先ほど、秦氏と倭漢氏は、もともとはそれぞれの王朝の遺民を称していたとする説について触れた。近年ではこの説を支持する人は多くないかもしれない。しかし、両氏が秦と漢という中国の王朝名を氏の名にしている事実は、軽視できないのではないだろうか。近年では西本昌弘氏が、秦氏の祖先を「辰韓地方に広がっていた中国系外来人」とし、倭漢氏の祖先を楽浪郡・帯方郡から移住した漢人移民に当てている。

両氏がこの名を称し始めたのは、『記・紀』の編纂時よりかなり以前かららしい。『元興《がんごう》寺《じ》伽藍縁起』所載「飛鳥寺塔露盤銘」に、

「山東漢大費直（やまとのあやのおおあたひ）」

という名前がみえる。この史料は推古朝当時のものであるとされているが、既にそこには「漢」という字が含まれているのだ。

秦氏に関しては、聖徳太子の没後に作られたとされる「天寿国繍帳」に

「椋部《くらべ》秦久麻《はたのくま》」

という名前がみえる。彼らも推古朝にはすでに「秦」某と名乗っていたことがわかるのである（近年、「天寿国繍帳」を持統朝の作とする説もあるが、根拠が十分とはいえない）。

「漢」氏にせよ、「秦」氏にせよ、これを「アヤ」、「ハタ」と訓むのは日本風の読み（訓読

み）にすぎず、元の中国語の発音とは何ら関係がない。普通ならば「阿夜氏」、「波多氏」とでも表記すべきところであろう。それを彼らは「漢」と「秦」という表記にこだわったのである。そしてこれを王権も認めていたのである。それは、少なくとも当時彼らが中国系の移民であることが公式に認められていたということではないだろうか。

政治と距離をおく

秦氏のライバルとして有名なのが、いまも触れた倭漢氏だ。秦氏と倭漢氏はいずれも日本の古代を代表する渡来系豪族であるけれども、比較するといろいろな違いのあることに気づく。

渡来した時期はいずれも応神朝であるとし、前述したようにそれぞれ秦の始皇帝と漢の高祖の子孫と称する（『新撰姓氏録』）のは似ているところと言えよう。しかし、その後の辿った道はずいぶんと異なる。

倭漢氏は葛城氏、大伴氏、蘇我氏と当代随一の豪族に次々と重用され、主に軍事と土木・建設の分野で貢献した。とりわけ大化改新前夜は蘇我氏の事実上の配下として仕えた。地位こそ高くはなかったが、かなり政治の中枢に食い込んでいたのである。

秦氏は、秦河勝《かわかつ》が聖徳太子に登用されたとの伝承をもつぐらいで、それ以外には特定の王統や豪族と密着した間柄になった例は少ない。また秦河勝以後、高い地位に就いた者もいない。意識的に政治の前面とは距離を置いていたのではないか、といった節もある。

第二に両氏の分布や規模を比較すると、秦氏の方が倭漢氏を大きく上回る。山尾幸久氏によれば、八世紀代の残存史料から姓名が分かる人は、秦系が約千二百人に対して漢系は八十人だという。どうしてこれだけの人口差があったのか。先に、秦人とは〝秦氏の配下にあった渡来系の農民〟、秦人部・秦部とは〝秦氏に貢納していた倭人系の農民〟という加藤謙吉氏の理解を紹介した。一方、漢人とは、〝漢氏に統率され、学識や技術をもって王権に奉仕した様々な職能集団〟、〝漢部〟・〝漢人部〟は、〝漢氏や漢人を経済的に支えた日本人主体の農民〟だと考えられている。

一般に秦人・秦人部・秦部が農民であったのに対して、漢人は須恵器を造る陶部《すえべ》や、馬具を作る鞍作部《くらつくり》、武器を造る工人など、手工業生産に携わる技術者集団が主だった。農民を主体とする秦の民より人口が少ないのは必然的といえるだろう。

第三に姓《かばね》について。倭漢氏は当初「直《あたい》」で、天武十一年五月に「連《むらじ》」、十四年六月に「忌寸《いみき》」に改姓した。秦氏の方は最初「公《きみ》」（秦酒公）、次いで「造《みやつこ》」（秦造酒、秦造河勝）、天武十二年九月に「連」、同十四年六月に「忌寸」となる。天武朝以降の「連」、「忌寸」は両氏に共通するが、それ以前は秦氏と倭漢氏は異なる姓を名乗ってきたのである。倭漢氏の「直」は畿内の中小豪族か、地方の国造を務めたような豪族に与えられることが多く、秦氏の「公」は地方の大豪族が多く称している姓である。ここにも両者の性格の違いが表れている。

倭漢氏が大陸伝来の技術や知識で中央豪族や大王に仕える官僚的・都市的性格をもつのに対して、秦氏は膨大な人口を抱えて各地に勢力を扶植し、開発に努める土豪的性格が濃厚であったといえるだろう。

『隋書』倭国伝の「秦王国」

西本氏が秦氏の祖先の故郷に想定する辰韓地方は、のちの新羅の領土に相当する朝鮮半島南部の東側にあった小国である。『三国志』魏書辰韓伝によると、ここに住む人々は自らの祖先について、秦の時代に重い課役を避けて中国から朝鮮半島に移住したのだと、言っていたらしい。彼らの話す言語も秦の人に似ていたという。「秦韓」とも呼ばれていたというから、実際に中国からの移民と考えて間違いないだろう。

のちにもとりあげるが、七世紀初めごろの倭国にも中国からの移民が集住する地域があったという。『隋書』倭国伝に記される「秦王国」である。この国は「竹斯国《ちくし》」（筑紫国）の東にあったとされる。

都斯麻《つしま》国を経る。迥《はる》かに大海の中に在り。又、東、一支国に至る。又、竹斯国に至る。又、東、秦王国に至る。その人、華夏と同じ。以て夷州とするも、疑ひ明らかにする能はず。

（その人は中国人と同じである。夷狄の国とされているが、その疑いは明らかにできない）

とある。

この国がどこにあったのか、周防とする説、豊前とする説、播磨の赤穂とする説などがあるが、これについてはのちに考えよう。いずれにせよ、遣隋使が「その人、華夏と同じ」と言って、「秦王国」の人々を自分たちと同じ中国人だと認識していたのである。当時、中国から朝鮮半島へ移住する人は数多くいた。そのなかにさらに日本列島へと移住を重ねていく人がいたとしても何ら不思議ではないだろう。「秦王国」は、秦氏の居住地であったとする説が有力だが、少なくとも秦氏のなかにそうした中国からの移民が含まれていた可能性は否定できないと思われる。

秦氏の成立

彼らの多くが中国大陸からやってきたのか、朝鮮半島東部の新羅方面から来たのか、あるいは百済から来たのか、確かなところは今もわからない。「秦」という氏の名からすると中国が祖国のようでもあるし、「ハタ」が慶尚北道蔚珍郡の地名「波旦」に由来するのであれば新羅が有力となるだろうし、弓月君が百済から移住したという『日本書紀』の所伝を重視すれば百済出身ということになる。

おそらくこれら各地域の出身者が、それぞれ巨大豪族秦氏の中には含まれているのだろう。大量の人口を有する彼らは、決して単一の血族のみで構成されていたのではなく、移住してきた時期も一度きりではなかったはずだ。そうした彼らを束ねていたのは、山背を本拠とする秦氏本宗家であった。おそらく秦氏の本宗家は、中国を祖国とする秦の遺民と称する人々だったのではないだろうか。

最初の定住地

『新撰姓氏録』山城諸蕃によれば、秦氏一族は最初、大和国の葛城、「大和朝津間腋上《あさづまわきがみ》の地」に居を定めたという。

秦忌寸、太秦公宿禰と同祖、秦始皇帝の後也。功智王、弓月王、誉田天皇［諡《おくりな》応神］、十四年に来朝し、上表して更に国に帰る。百二十七県の伯姓を率いて帰化し、併せて金銀玉帛種々の宝物等を献ず。天皇これを嘉して大和朝津間腋上の地を賜りてここに居らしめたまひき。

（秦忌寸は、太秦公宿禰と同祖、秦始皇帝の後裔である。功智王と弓月王が、応神天皇十四年に来朝し、上表して更に国に帰った。そして百二十七県の伯姓を率いて帰化し、併せて金銀玉帛種々の宝物等を献上した。天皇はこれを嘉しとし、大和朝津間腋上の地を賜ってここに居むようになった）

大和国の「朝津間・腋上」とは、前者が現在の御所《ごせ》市朝妻で、後者が御所市三室・本馬の周辺とされている。このあたり葛城一帯は、五世紀最大の豪族葛城氏の本拠地にあたる。葛城にはほかにも様々な渡来人が居住していたようで、「神功皇后紀」摂政五年三月条には、葛城襲津彦が新羅から連れて帰った「俘人」（俘虜）が、「桑原・佐糜《さび》・高宮・忍《おし》海《ぬみ》」（いずれも葛城の地名）の四つの邑の漢人の始祖であると記されている。先に見た弓月君らの渡来にも葛城襲津彦が関わったと『日本書紀』にあったが、襲津彦は対朝鮮外交・軍事に活躍した将軍で、倭国軍を率いて何度も渡海した人物であるから、海外で得た「俘人」を倭国に連行することもあり得たであろう。葛城一帯にはこうした襲津彦ゆかりの渡来人が多く配置されていたとみられる。弓月君を祖とする秦氏も、その一員だったのかもしれない。

秦氏が最初、この「大和朝津間腋上の地」に定着したという『新撰姓氏録』の所伝の史実性については、疑問視する見解（平野邦雄氏、山尾幸久氏ら）と、積極的に認める見解（和田萃氏、平林章仁氏、加藤謙吉氏ら）とがある。先述したように、弓月君らの渡来に襲津彦が関わったという『日本書紀』の記載からすると、秦氏が最初襲津彦の本拠地の葛城に定着するのは肯けることで、この伝承を見過ごすことはできないように私も思う。

近年、葛城地方に五世紀前葉ころから渡来人が居住していたことを示す遺跡が、南郷遺跡や名柄遺跡など、いくつも確認されてきている。そのうちのどれが秦氏と関わる遺跡なのかまではまだ推し量り難いけれども、渡来当初の一時期、彼らがここに定着していた可能性は高まってきているとみられる。

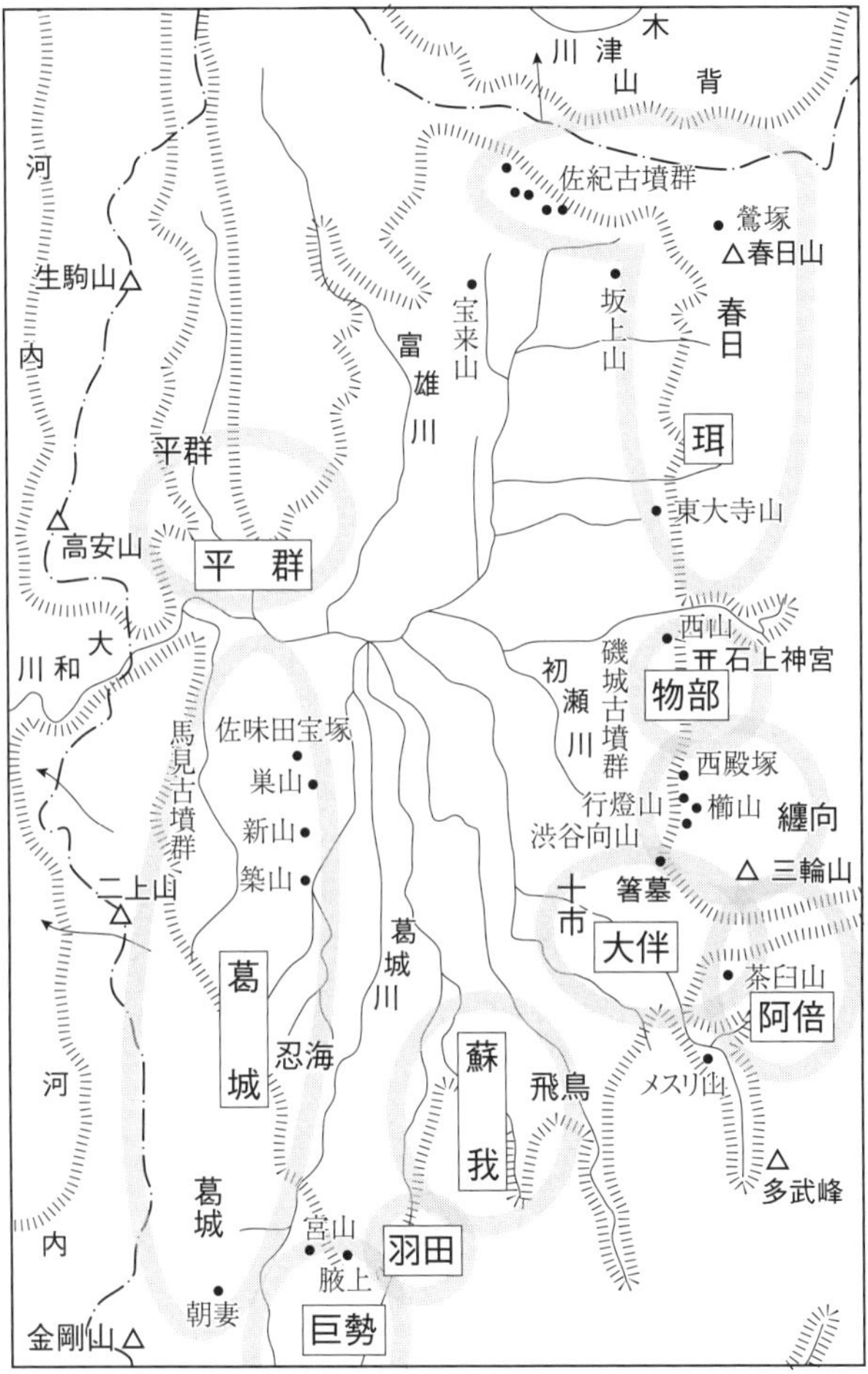

大和の豪族分布図（岸俊男『日本古代政治史研究』塙書房をもとに制作）

葛城から山背へ

次章でも詳述するように、秦氏は五世紀後半から末ころには山背に本拠を置き、そこに古墳を築くようになる。通説では、この時期に日本列島に渡来してきたように考えるのだが、私はもう少し前——五世紀前半から中ごろ——に渡来し、葛城にいったん居住したあと山背に移った可能性もあるだろうとみている。

五世紀前半から中ごろといえば、須恵器をはじめとして様々な渡来系の文物や技術が輸入された時期でもある。人の流れ・移動もさかんな時期だったに違いない。秦氏渡来の時期として最もふさわしいのはこのころではないだろうか。

それが五世紀後半から末にかけて雄略天皇と敵対した葛城氏が衰退すると、その配下にいた中小豪族のなかには葛城を離れる者が現れたようである。平林章仁氏は、鴨氏の例をとりあげているが、たしかに彼らは大和葛城の鴨から、山背に本拠を移したのであった。『釈日本紀』に引用された「山城国風土記」逸文には、賀茂氏の祖先神「賀茂建角身命《かもたけつぬみのみこと》」が、最初「日向の曾の峯」に「天降り」、その後、神武天皇とともに東遷して「大倭《やまと》の葛木山の峯」に宿り、そこから段々と移って「山代国の岡田の賀茂」（京都府木津川市）、さらに北上して「久我国の北の山基」（京都市北区の神山）に定着したと伝えている。平林氏

上賀茂神社（京都市北区）

らも推測しているように、この伝承は、鴨氏自身の移住の跡を反映したものであろう。葛城には鴨都八重事代主命神社や高鴨阿治須岐託彦根神社、鴨山口神社などがある。もともとはここが鴨氏の本拠であった。それが、ある時期山背国に移住したのだった。これが今の上賀茂神社・下鴨神社に代表される鴨氏である。

秦氏も同じ山背国に居を構えることになるが、彼らもまた五世紀末ころに移住したと考えられている。その点を重視して平林氏は、鴨氏や秦氏の山背移住を葛城氏衰退に伴うものと考えているのである。

弓月君の謎

右に述べたとおり、秦氏の歴史の始まりは曖味模糊としたことが多く、謎が多い。彼らはどこから、いつごろ、倭国のどこへやってきたのか、いずれもはっきりとはしない。もどかしいことが多いのだが、もうひとつとりあげておきたいのが、彼らの奉ずる弓月君という始祖についてである。

「弓月」とは一体何なのか。何らの物語も伝えられていないのが残念なのだが、そもそもこのような漢語は存在しないらしい。

日野昭氏は、「ユヅキ」とは「斎槻《ゆつき》」、つまり「神聖な樹木としての槻の木」ではないかという。事実、『万葉集』には「斎槻」の意味で「弓槻」と表記している例がある（巻第十一―二三五三）。

長谷　弓槻下　吾隠在妻　赤根刺　所光月夜邇　人見点鴨　〔一云　人見豆良牟可〕

長谷の斎槻《ゆつき》が下に我が隠せる妻　紅《あかね》さし照れる月夜に　人見てむかも

（長谷の神聖な槻の下に隠してある我が妻を　赤々と照る月の光で　人が見てしまったのであろうか）

日野氏は弓月君の性格について、世界的に分布する樹木信仰との関連を見出し、次のように述べている。

ユヅキの語を「斎槻」の義によると解するならば、樹木信仰が基底にあることを示し、農耕神ないし水霊信仰とも関連して多数の農耕民の崇拝を得べき始祖の名として伝承されたのではあるまいか。

たしかに槻の木は古代日本においても生命の樹としての象徴的意義を担ってきた。そこに秦氏の豊かな信仰世界を想い描くことは可能だろう。秦氏と樹木信仰の関係については、のちに北條勝貴氏も考察している。

第二章　秦酒公と秦大津父

秦酒公の言い伝え

『新撰姓氏録』の伝承によると、百二十七の県から渡来した秦氏一族は仁徳朝に「諸郡に分置」され、「養蚕」「織絹」をして朝廷に貢いでいたという。天皇が「秦王」の献ずる「糸綿絹帛」は「柔軟」で「温暖」で「肌膚《はだ》の如しである」と誉めたところから、「波多《はた》」という姓を賜ったという伝承が載っている。こうした伝承を史実だと信じる研究者は少ないが、秦氏一族が「諸郡に分置」され、まだ統合されていなかった段階のあったことは想像してみてもいいだろう。

『日本書紀』で最初に秦氏の氏の名をもって現れるのは、雄略天皇十五年条にみえる秦酒公《さけのきみ》（秦造酒）である。応神朝に渡来したとされる弓月君が伝説上の始祖というべき存在であるのに対して、秦酒公は事実上の初代といってもよいだろう。

十五年に、秦の民を臣連《おみむらじ》らに分散《あか》ち、各々欲の随に駈使《はせつか》ひて、秦造に委ねず。是によりて、秦造酒甚だ憂と為し、天皇に仕へる。天皇これを愛寵し、詔して秦民を聚めて秦酒公に賜ふ。公、よりて百八十種の勝《すぐり》を領率《ひき》いて、庸・調絹・縑を奉献し、朝庭に充積《つ》む。因りて姓を賜ひて禹豆麻佐《うつまさ》と曰ふ。［一に云はく、禹豆母利麻佐《うつもりまさ》は、皆盈積《みてつ》める貌なりといふ］

十六年の秋七月に、詔して桑によき国県《くにあがた》に桑を殖ゑしめたまふ。又、秦民を散《あか》ち遷して庸・調に献《たてまつ》らしめたまふ。

（十五年に、秦の民を臣連に分散し、各々の思うままに駈使させて、秦造には委ねなかった。このため、秦造酒はたいそう心を痛めながら、天皇に仕えていた。天皇は秦造酒を愛寵し、秦の民を聚めて秦酒公にお与えになった。公は、こうして百八十種の勝を統率することになり、庸・調の絹・縑《かとり》（上質の絹織物）を奉献し、朝庭にたくさん積み上げた。そこで姓をお与えになり、禹豆麻佐と言った。［一に云わく、禹豆母利麻佐は、残らず満たして積んだ様子だという］

十六年の秋七月に、詔して桑に適した国・県に桑を殖えさせた。又、秦の民を分離して移住させ、庸・調を献上させた）

ここにみられる「秦の民」とは、先にも述べたとおり、全国に分布した秦人・秦人部・秦部と呼ばれた人々のことである。彼らは秦氏の統括下にいた農民で、膨大な人口が存在した。

機織り・養蚕の民

秦氏と言うと、機織りに関わった豪族というイメージがあるかもしれない。それは先に挙げた『日本書紀』の記事に、

百八十種の勝を領率いて、庸・調絹・縑を奉献し、朝庭に充積む。

とあること、『新撰姓氏録』にも同様の記事があることがその有力な根拠である。先にも少し触れたように、佐伯有清氏によると機織りのハタという語は、朝鮮語のPoitil（機）と同源の言葉だそうである。

しかし、秦氏が機織りに専門的に関わっていたことに関しては、疑う見解も強い。関晃氏は著書『帰化人』において、秦氏が機織りの伴造《とものみやつこ》であったことを示す所伝はこれら以外には見当たらず、これも造作の疑いが濃いとして、秦氏と機織りの関連を否定した。以来、両者の関わりを否定する見解が有力とされてきている。

関氏は、秦氏が機織りに関わったという伝承を、その後に続く、

庸・調絹・縑を奉献し、朝庭に充積む。因りて姓を賜ひて禹豆麻佐と曰ふ。［一に云はく、禹豆母利麻佐は、皆盈積める貌なりといふ］

という、太秦《うずまさ》という名前の由来を語るために案出されたこじつけの所伝にすぎないと考えているようだ。たしかに彼らの貢いだ〝庸・調絹・縑が朝廷にうず高く積ったから太秦〟という説明はこじつけであって、本来の由来とは思えない。しかしだからといって、彼らが「庸・調絹・縑を奉献」したということまで虚構である、と考えるのはいきすぎではないだろうか。

少なくともこういう伝承が形成され、語られたとき、秦氏は「庸・調絹・縑」の「奉献」を他氏より得意としていたのだろう。だからこそ、それらが「朝廷にうず高く積ったから太秦」という名になったのだ、という伝承が造作にせよ出来たのではないか。近年は、加藤謙吉氏も秦氏と機織りの関係を再評価する見解を発表しているが、私もこれに賛成したい。

雄略天皇の管理法

右の『日本書紀』の所伝によると、雄略は当初自分のもとにいた秦の民を臣・連ら、つまり諸豪族に分ち与え、使わせたという。そのことを秦氏の首長ともいうべき秦酒公は不満に思っていたというが、それでも忠節を尽くして仕えた彼を天皇は寵愛し、のちには秦の民を彼に与えたという。こうして秦酒公は百八十種類の勝《すぐり》（配下の豪族）を統率し、庸や調といった税として絹や縑を貢納した。彼らの納める品々は朝廷にうず高く積み上げられ、これにちなんで「ウズマサ」という姓を与えられたとある。

しかし十六年条には、また秦の民を分離して移住させ、庸や調といった税を納めさせた、とある。

このいわば朝令暮改ともいえるような秦の民の管理形態の変遷を図にすると、次のようにまとめられよう。

天皇の一元支配↓諸豪族への分配↓秦氏の下での統合↓秦氏の下での分散

もともとは天皇が一元的に支配していた秦の民が、のち諸豪族に下賜され使われていたが、その後中央に統合されて秦氏の管理下に入り、そのまま地方に分散して産を殖やし、朝廷に貢納するようになったということであろう。

こうした経緯がどこまで史実を伝えているのか、判断するのは難しい。ただ雄略一代の間にこれだけのめまぐるしい変遷があったとは考えにくいけれども、五世紀の間におおよそこれに近い変遷があったことは認めてもいいのではないか、と私は思う。つまり、渡来当初の天皇が秦の民を一元的に支配していた段階、諸豪族とりわけ葛城氏が秦の民を配下に置いていた段階、秦氏が秦の民を掌握し、全国に散らばる彼らからその収穫物を貢納させていた段階、こうした諸段階に区分することができるのではないか。

勝と太秦

秦の民の一元支配の権利を与えられた秦酒公は、「百八十種の勝を領率いて、庸・調絹・縑を奉献し、朝庭に充積む」とあるが、「百八十種の勝」とは何であろうか。勝は姓の一種であり、各地に「茨田勝」、「栗原勝」、「呉勝」、「不破勝」、「辛嶋勝」等々といった名前の豪族がいた。史料で確認できる限りこれらはすべて渡来系の豪族で、しかも秦氏および秦の民と同一郡内に居住している者が多いことが指摘されている。したがって、勝姓をもつこれらの豪族は、秦氏のもとで秦の民を管掌する役割を担っていたのであろうと考えられている。秦酒公は、彼ら「百八十種の勝」を通して全国の秦の民を掌握し、各地で生産される「庸・調絹・縑」を朝廷に貢納したというのだ。

その秦酒公が天皇から賜った「禹豆麻佐」（太秦）という新しい姓は、先にも述べたように秦の民が貢納した「庸・調絹・縑」が朝廷にうず高く一杯に積まれた様子にちなむのだ、とされている。

山尾幸久氏は、この解釈はのちの付会であって、ウズマサは古い朝鮮語に由来すると考えている。慶尚北道の「蔚珍郡」の古名が「于抽《うつ・うちこ》（ウツ・ウチュ）」であり、これと古朝鮮語で村里を表す「マサ」とが「ウズマサ」の由来だというのである。太秦が朝鮮語に由来するのかどうか、判断がむずかしいところである。

『古語拾遺』の三蔵伝承

この「雄略紀」十五年条と似た伝承を、平安時代初めに成立した『古語拾遺』も伝えている。『古語拾遺』は、秦酒公が百八十種の勝部を率いて養蚕し、機織りをしてたくさんの調を貢納したことを述べ、これ以降、諸国の貢ぎ物は年々満ち溢れるようになったと記す。独自の伝承を載せるのは、このあとである。

此れより後、諸国の貢調、年年に盈《み》ち溢る。更に大蔵《おおくら》を立てて、蘇我満智《まち》宿禰をして三蔵《みつのくら》［斎蔵《いみくら》・内蔵《うちのくら》・大蔵］を検校させ、秦氏をしてその物を出納させ、東西の文氏をしてその簿に勘録せしむ。これを以て漢氏に姓を賜ひて内蔵・大蔵と為す。今、秦・漢の二氏を内蔵・大蔵の主鎰《かぎつかさ》・蔵部《くらひとべ》と為す縁なり。

（此れより以後、諸国の貢調は毎年満ち溢れた。そこでさらに大蔵を立てて保管し、蘇我満智宿禰に三蔵［斎蔵・内蔵・大蔵］の監督を担当させ、秦氏にその品物の出納を担当させ、東西の文氏にその帳簿の記録を担当させた。そこで漢氏に内蔵・大蔵という姓を与えた。今、秦・漢の二氏を内蔵・大蔵の主鎰・蔵部と為す始まりがそれである）

秦氏の貢納によって朝廷の蔵が充ち溢れた結果、あらたに大蔵を造ったという。そしてそれまでからあった斎蔵・内蔵とを合わせて、その検校（管理・監督）を蘇我満智宿禰にさせ、出納を秦氏に、その記録を東西の文氏、すなわち倭漢氏と西文《かわちのふみ》氏とに担当させたというのである。

詳細は別として、秦氏の貢納によって財政規模が拡大し、朝廷の蔵も増設された結果、財政にあたる氏として蘇我氏、秦氏、倭漢氏と西文氏とが任命された、というのはおおよそ史実を離れていないものと考えたい。

秦の民の人口

ここまで見てきたように、秦氏が王権の支配下に入り貢納するようになって、大和政権の財政は飛躍的に豊かになったようにみえる。それだけ秦氏の人口が豊富で、生産力が高かったのだろう。

『新撰姓氏録』山城諸蕃の記事には、秦酒公の一代前の普洞王のとき、雄略天皇が勅使を遣して全国に散った秦の民を探させたところ、「秦の民、九十二部、一万八千六百七十人」を得て、酒公に与えたという。

「秦の民」とは、先にも述べたように「秦人」・「秦人部」・「秦部」と呼ばれた、秦氏の支配下にある人々の総称である。こうした人々が、雄略朝において「九十二部、一万八千六百七十人」も存在したというのだ。

酒公の実在性

先に私は、秦酒公は秦氏の事実上の初代である、と記したけれども、実はこれには異論があって、山尾幸久氏は秦氏の中で実在が確実なのは、次にみえる秦大津父であるとして

秦河勝が建立した広隆寺（京都市右京区）

いる。山尾氏によれば、秦酒公という名は「少し後のもので、元来の名ではなかった可能性がある」という。

『延喜式』神名帳に掲載される「式内社」に、「大酒神社［元名大辟神］」と呼ばれる神社がある。「山背国葛野郡」、現在、太秦の広隆寺のすぐ東にある小さな神社である。長く秦氏によって祀られてきた。山尾氏は、「大酒神社」の「サケ」とは「大地を裂いて水を通した溝」の意味、あるいは「川の流れを裂いて溝に通した流れのこと」であって、秦氏がその卓越した土木技術で築いた山背国の「葛野大堰《おおい》」や西高瀬川、広隆寺水路などをイメージした神格であろう、と考えた。

但しこれらの土木事業を秦氏が起したのは、

大酒神社（京都市右京区）

山尾氏の考察では六世紀末葉のことであって、『日本書紀』が秦酒公の時代としている雄略朝よりものちのことだという。秦酒公という人物の名は、この「サケ」という神格に由来するものであって、実在の人物ではないと山尾氏はいうのだ。

一方で「少なくとも弓月君にくらべて実在の人物らしく思われる」という日野昭氏の見解もある。日野氏は、農耕を基盤として発展した秦氏にとって、酒は米を原料として醸造されるものであり、祭祀においては宗教性を帯びた供え物であることから、「この名は秦氏の人物としてふさわしい」と述べている。

「酒」は「裂け」か

私は秦酒公の「酒」や「大酒神社」や「大辟神」の「サケ」を、秦氏の行なった桂川大改修工事に由来するとする説には、いささかの疑問を持っている。理由は古文法にわたることである。

右の説の場合の「サケ（裂け）」とは、秦氏が嵯峨の大地なり桂川なりに主体的に働きかけて、これを土木工事によって「裂いた」ことを意味するのであるから、この「裂く」は他動詞ということになる。大野晋ほか編『岩波古語辞典』によると、他動詞「裂く」の意味は「一つにくっついていたものの中に入って割れ目を作り、二つにはなす」ことである。

この他動詞「裂く」の活用は、「裂かず（未然形）—裂きけり（連用形）—裂く（終止形）—裂くぞ（連体形）—裂けば（已然形）—裂け（命令形）」である。となると、「裂け」は、他動詞「裂く」という語の已然形か、あるいは命令形ということになるだろう。しかし動詞が名詞形になるのは、通例は連用形である。たとえば、「遊ぶ」の名詞形は「遊び」だし、「願う」の名詞形は「願い」、「喜ぶ」の名詞形は「喜び」であって、これらはみな連用形なのである。「遊べ」や「願え」や「喜べ」といった已然形・命令形が名詞形となることはない。これらからすると、他動詞「裂く」の已然形および命令形である「裂け」が、人名や神名のような名詞形に使われる可能性は乏しいと言わざるをえない。

ところが、「裂け」にはもう一種類、自動詞の「裂く」というのがある。同じ『岩波古語辞典』によると、自動詞「裂く」の意味は「一つにくっついていたものの中に割れ目が出来て二つにはなれる」ことである。こちらは或る物体が他の力によってではなく、おのずから裂けたというニュアンスである。

こちらの活用は、「裂けず（未然形）―裂けけり（連用形）―裂く（終止形）―裂くるぞ（連体形）―裂くれば（已然形）―裂けよ（命令形）」となる。このようにこの語の連用形は「裂けけり」であって、これが名詞化すると、「裂け」となる。もし「大辟神」の「サケ」が「裂け」であるならば、この自動詞「裂く」の名詞化したものと考えるべきであろう。しかし自動詞の「裂く」は、くりかえすように他の力によってではなく、おのずから裂けたというニュアンスであるから、嵯峨の大地なり桂川を秦氏が能動的に「裂いた」大改修工事とは意味がそぐわないのである。

こうした理由からすると、大酒神社などのサケは、自動詞にせよ他動詞にせよ「裂け」ではないと見た方がよいであろう。むしろ文字通り酒のことであると考えるか、あるいは「元名」とある「大辟神」のほうが妥当のように思うのである。「大辟神」とすると、それは災いの到来を避ける道祖神であったことにある。

「辟け」、「避け」は他動詞で、意味は「離して遠ざける」ことである。活用は「避けず（未然形）―避けけり（連用形）―避く（終止形）―避くるぞ（連体形）―避くれば（已然形）―避けよ（命令形）」。動詞が名詞形になる連用形は、「避け」である。文法的にもこれが最も適合すると言ってよいだろう。大酒神社は、災厄を「離して遠ざける」道祖神であったと推定されるのである。

深草の郡司

日本列島に渡来当初は葛城地域に定着したとの伝承をもつ秦氏だが、五世紀末には山背国に勢力を扶植するようになる。とりわけ彼らの重要な居地として知られているのは、紀伊郡深草と、葛野郡の嵯峨野一帯である。このうち最初に文献に現れるのは、紀伊郡深草であった。ここは、本書の冒頭でとりあげた秦大津父の伝承に、彼の住所とされているところである。

深草は、律令制では山背国紀伊郡に属した。平安遷都から六年後の延暦十九年（八〇〇年）の紀伊郡の郡司を知ることのできる史料がある（「仁和寺文書」『平安遺文』一八〇号）。

律令制度においては、国司《くにのつかさ》には中央の貴族が任命されるが、彼らには六年（のち四年）

の任期があった。任期が終われば、彼らは都に帰るなり、新たな赴任地に赴くことになる。一方、大領・少領・主政・主帳といった郡司《こおりのつかさ》には、もともとその地方を治めていた地方豪族が選ばれ、彼らには任期がない。したがって地方の実情には国司より郡司が精通しており、その役割も重要であった。またある地域に、元々どのような豪族がいたかを調べる上でも、郡司に誰が任命されているかは、有益な史料となる。

このときの紀伊郡の大領（郡の長官）は、秦忌寸某。少領（次官）は「秦忌寸豊道」、擬主政は「秦忌寸永年」、擬主帳は「出雲臣乙継」であった。

大領…秦忌寸某
少領…秦忌寸豊道
擬主政…秦忌寸永年
擬主帳…出雲臣乙継

右に明らかなとおり、四人中三人までが秦氏の人間によって占められている。但し、『延喜式』式部省上には

凡そ郡司は一郡に同姓を併用することを得ざれ。もし他姓の中に用ふべき人無くんば同姓と雖も同門は除きて外は任ずることを聴《ゆる》す。

（およそ郡司は一つの郡に同じ姓の者を併用してはならない。もし他姓の中に用いるべき人がいないのであれば、同姓ではあっても同門（同じ一族）の者を除いてそれ以外の者を任用することは認める）

とある。通例四名で構成される郡司のメンバーに、同姓の者を任命してはならないという原則があったのである。ただ他姓に適任者がいない場合、同じ一族でなければ同姓の者の任命を許すという例外も認められている。紀伊郡の場合などはこれに該当するのだろう。それくらいここでは秦氏の勢力がさかんだったことがわかる。

稲荷は稲成り

秦氏が奉斎してきた稲荷山には、彼らの入植する以前から古墳群が築造されており、古くから神体山として信仰の対象とされてきたらしいことがわかる。もともとは神体山への信仰だったものが、「稲成《いな》り」すなわち農耕の神となり、秦氏の入植によって、同氏の守護神と変容したのであろう。生産の神となって多くの人々の信仰を集めるようになるのはさらにその後のことである。

「山城国風土記」逸文と伝承される『延喜式神名帳頭註』（卜部兼倶）に、伏見稲荷神社の創立伝承がある。

風土記に曰く、伊奈利と称するは、秦中家《なかつえ》忌寸等の遠祖、伊侶具《いろぐ》秦公、稲粱を積みて富裕有り。乃ち餅を用ひて的と為せしかば、化して白鳥と為り、飛翔して山峯に居りて子を生みき。遂に社と為る。其れ苗裔、先の過を悔いて社の木を抜きて家に殖やし、禱祭する也。

（風土記に曰く、「伊奈利と称するのは、秦中家忌寸等の遠い祖先である伊侶具秦公が、稲粱を積むほどの富裕な生活をしていた。そこで餅を用いて的としていたところ、餅が白鳥に姿を変え、飛翔して山の峯に行ってしまい、そこで子を生んだ。最後にはここが神社となった。その子孫が、先の過ちを悔いて神社の木を抜いて家に殖やし、祭っている」）

秦中家忌寸らの遠祖である伊侶巨《いろこ》（具《ぐ》）は、収穫されたたくさんの稲を積んで、戯れにその米で作った餅を的にして矢を放っていた。すると、その餅は、白い鳥となって飛び立ち、山の峰に止まり、そこに稲が成った。そこでこれを社の名とした。孫の代になってかつての奢りの過ちを悔い、社の木を引き抜き、家に植えて祈った。今、その木を植えて育てば福が来、枯れれば福は来ないという。

我々現代人には、なぜ餅を的にして弓を射るのか、また、なぜそれが過ちであるのか―

読しただけでは腑に落ちない。しかしこの伝承の前半部では、この行為には必ずしも批判的ではなく、心奢る行為として捉えるようになるのは後半部である。これは、前半と後半の成立した時期に差があることを示唆するものであろう。

餅を射る話

柳田國男は、実際にこうした神事が各地にあってその記憶がこの伝承の基になっているのだとし、後世にはその意味が忘却されて不遜・不敬なふるまいとして語られるようになったのだろう、と推測した。

小野重朗氏によると、鹿児島では餅を的として弓を射る、正月の山の神の神事があったそうだ。田代村麓（現錦江町）の柴の口明けの神事では、用意した鏡餅を狩長《かりおさ》神社の神官が「宍《しし》が来たどー！」と言って転がし、もうひとりの神官がこれを弓で射る。射られた餅は宍の肉だと言って村の長老たちに配られる。この神事が終わると、人々は狩猟してもいいことになっているのだという。同じような神事は同県垂水市中俣や鹿屋市内でもあった。ここなどでは弓ではなく鉄砲で餅を打つというが、これはもとは弓であったものが変型したのであろう。

餅を宍の肉に見立て、弓で射るところからも察せられる通り、こうした儀礼の原型は狩猟と関わるものであったとみられる。松前健氏が論じているように、おそらく本来は狩りの予祝儀礼であって、もとは本当に宍の肉を的にして弓で射ていたのであろう。弓で射るのを贅沢だと思うようになるのは餅を的にするからであって、宍の肉であれば何ら贅沢ではない。それが餅という農耕文化と融合して、宍ではなく白い餅を的にして射る、今の形になったのであろう。かつての形が忘れられたあとになって、これを不遜・不敬なふるまいと見るようになったと思われる。

つまり、かつてはもっぱら狩りの予祝儀礼として宍の肉を的にして弓で射ていたものが、おそらく秦氏の入植以降、餅を的にするような農耕的な儀礼に変容を遂げたのだと考えられる。大陸伝来の彼らの農業技術は、多くの富をもたらしたことであろう。それが右のような伝承を生み出したに違いない。

開明的な気風

宍の肉、狩りといえば、思い出すのが本書冒頭で掲げた欽明即位前紀の秦大津父の伝承だ。ここで秦大津父は、戦っている二匹の狼に対して、そんなことをしていたら両方とも猟師に捕らえられてしまいますよ、と忠告したのであった。深草から伊勢に向かう山道には、狼をねらって狩りをする猟師がおり、大津父はその猟師の手から狼を救ったのである。

この伝承からも明らかなように、大津父は猟師の側には身を置いていない。生き物を殺《あや》める狩猟という食糧獲得に好感を抱いていないのは明らかである。ただ狼に対しても、心底神として接しているわけでもないだろう。口では神として崇めてはいるが、一面では単なる動物として対していることも否定できない。猟師が自分たちを狙っていることにも気付かず、いつまでも闘っている狼を助け、命を全うさせてやったという表現には、狼を見下げたところもある。そこには、自然に生息する動物を神そのものとして崇めるような旧来の信仰から脱した新しい神観念があるように見受けられる。

おそらく大津父にとっては狩猟という食糧獲得も、狼を神として崇めることも、克服すべき旧い習俗だったのであろう。彼はこうした古い文化とは超然とした新しい文明を体現しているのだ。伏見稲荷の伝承に、秦氏が狩猟祭祀から農耕祭祀へと脱却を図った跡が垣間見られるのも、これと軌を一にするものであろう。そこに秦氏の開明性を見ることができる。

大津父の素性

大津父には、公や造、忌寸といった他の秦氏の人物にはある「姓《かばね》」がない。ただの秦大津父なのだ。彼は夢告を受けた欽明によって発見され、抜擢されたというけれども、逆にいえばそれまで大王と直接のむすびつきがなかったわけである。「姓」がないのはそれを裏付けるかのようでもある。「姓」とは大王によって賜与されるものであって、王権との結びつきがあって初めて称することを許されるのだから。

秦氏そのものと王権との結びつきは、先にみたように「雄略紀」に秦酒公の伝承があった。酒公は雄略の寵愛を受け、「禹豆麻佐」という姓まで賜ったと記されていた。なのに、彼より一、二世代あとの大津父には、どうして王権との間に接点がなかったのだろうか。

『広隆寺来由記』にみえる秦氏の系譜には、秦の始皇帝から秦川勝（秦河勝）まで十五代の直系の人名が記されているが、ここには「酒秦公」の名はあるが、大津父の名はない。雄略朝に活躍した「酒秦公」から、聖徳太子の時代の「秦川勝」（秦河勝）に至る間にあるべきはずの大津父の名がないのである。このことからすると、大津父は秦氏の直系ではなく、傍系の出自なのかもしれない。これは、彼にもともと「姓」がなかったこととも符合するし、欽明に見出されるまでは王権とのゆかりが乏しかったこととも符合する。そういえば秦大津父の住み家は深草、のちに現われる秦河勝は葛野に本拠をもっていた。両者はもとは同じ秦氏でも、系統を異にしていたのであろう。そして葛野の秦氏に比べて、深草の秦氏は欽明朝まで王権とは疎遠だったようである。

通商基地の深草屯倉

大津父に代表される深草の秦氏をみていく上で外せない存在が、「皇極紀」にみえる深草屯倉《みやけ》である。「皇極紀」二年十一月条に、蘇我入鹿《いるか》が、諸王族・豪族を率いて斑鳩《いかるが》にいた聖徳太子の長男の山背大兄王《やましろのおおえのおう》一族を襲撃し、滅ぼした。

蘇我臣入鹿、小徳巨勢徳太《こせのとこだ》臣・大仁土師娑婆《はじのさば》連を遣りて、山背大兄王等を斑鳩に掩《おそ》はしむ。（中略）ここに奴三成《みなり》、数十の舎人《とねり》とともに出でて拒ぎ戦ふ。（中略）山背大兄、よりて馬の骨を取りて、内寝《よどの》に投げ置く。遂にその妃、ならびに子弟等を率いて、間を得て逃げ出し、胆駒《いこま》山に隠る。

（蘇我入鹿は、小徳巨勢徳太臣と大仁土師娑婆連を遣わして、山背大兄王を斑鳩に襲撃した。（中略）そこで下僕の三成と、数十人の舎人が出て防ぎ戦った。（中略）山背大兄は、馬の骨を取って、寝所に投げ置いた。そして妃や子弟等を率いて、隙を見て逃げ出し、胆

駒山に隠れた）

防戦の間にからくも逃亡した王は、背後の生駒山に隠れた。このとき、側近の三輪文屋君《みわのふみやのきみ》が進言したという。

「請ふ。深草屯倉に移り向きて、ここより馬に乗りて東国に詣《いた》りて、乳部《みぶべ》を以て本として、師《いくさ》を興して還りて戦はむ。其の勝たむこと必じ」といふ。

ここから深草の屯倉に移動して、そこから馬に乗って東国に行き、「乳部」を本拠として兵を起こして戦いましょう。そうすれば必ずや勝つことができます。

しかし山背大兄王は、「我が一身上のことが理由で、どうして万民に苦労をかけることができようか。また人民が私についたために、戦さでわが父母を亡くしたと、後世の人に言われたくない」と言ってこれを拒否する。そして従容として生駒山を降りて斑鳩に入り、そこで一族と共に滅ぼされたのであった。

この山背大兄王滅亡事件と秦氏との関わりについては、のちの章で触れることにしよう。ここで取りあげたいのは、秦氏の拠点である深草に屯倉（朝廷の直轄地）が存在したということである。当然、この屯倉が秦氏と無縁であったとは考え難い。大津父は「大蔵省」の職にあったから、この屯倉から上がる収穫の出納・管理も行っていたものと思われる。

事実上、秦氏がこの屯倉の運営にあたっていたと見るのが正しいだろう。

この屯倉に関して見逃してはならないのが、「ここより馬に乗りて東国に詣りて、乳部を以て本として、師を興して還りて戦はむ。其の勝たむこと必じ」とあること、すなわちこの屯倉には、豊富な馬がいたこと、そしてここから東国に通じる道が開かれていたことである。

ここまで読んできたひとは、秦大津父が深草から伊勢へ「商価」のため、馬で来還していたことを思い出されるであろう。欽明朝ころから秦氏によって深草では馬が養われ、そこから伊勢、さらには東国への道が通じていたのである。

深草から各地へ

この深草屯倉は深草のどこにあったのだろうか。昭和六十年度、京都府文化財保護協会の発掘調査によって確認された「深草坊町遺跡」から、七世紀初頭の土器と斎串などの祭祀関係遺物、それに焼けた建築部材（板材など）が発掘された。調査者は、祭祀関係の斎串がこの時期の一般集落から出土しないことから、「深草屯倉」との関わりを推測している。

そこは伏見稲荷から七百メートルほど南の山麓だが、遺跡の二百メートルほど北には、古墳時代中期の前方後円墳、番神山古墳があった。残念ながら今は宅地化され痕跡すら残されていないが、この古墳は五世紀後半ごろの築造と推定する見方がある。もしそうだとすると、秦氏が深草に入植して最初に造営した古墳である可能性が浮上する。これとほとんど重なり合うところに「深草坊町遺跡」が所在することも興味深い。

ただ気になるのは深草には番神山古墳以外に大きな古墳が多くないことである。このあと見る葛野の秦氏とはこの点で対照的だ。おそらく破壊された古墳があるのだろうが、それにしても深草には六、七世紀の秦氏代々の首長墓といえる古墳の系列は多くない。

しかし却ってそこに深草秦氏の特徴が表れているのかもしれない。彼らは多くの馬を養い、その馬でここから東国へ向けて商いをして巨利を得ていた。もちろん深草の地でも稲荷信仰がさかんになったように、農業を営み多くの収穫があったことだろう。ただその収穫の多くは、深草屯倉の収入として国庫に納められていたはずだ。

むしろ深草秦氏の特色は、この地に留まらない非在地的な商業活動にあったとみられるのである。言い換えれば、深草という地にこだわらないフットワークの軽さに、彼らの個性を見ることができるのである。

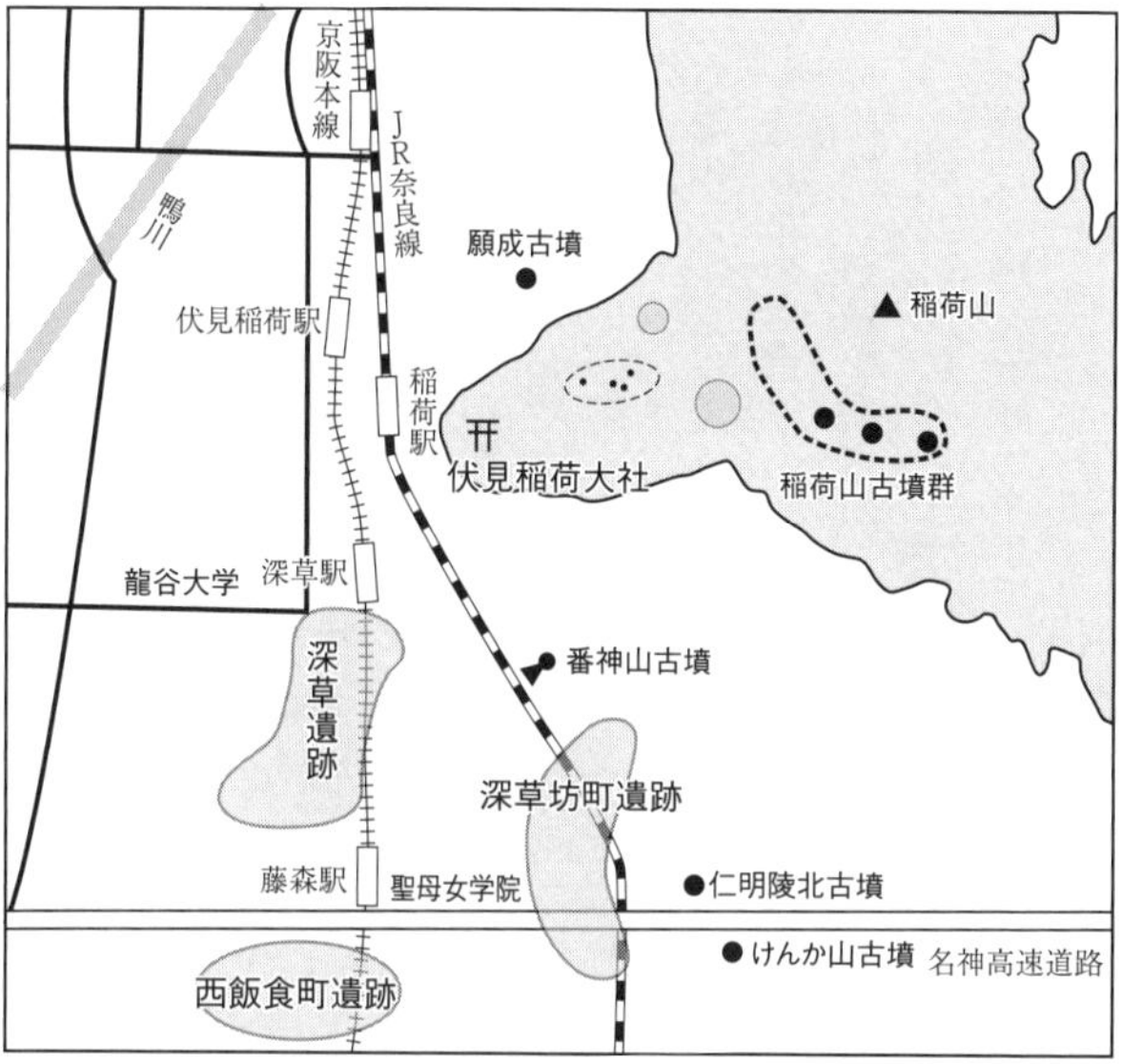

深草と秦氏関係図

大津父の商業活動

では、彼らが深草から馬に乗って山道を越えて伊勢にまで行ってしていた「商価」とは、一体何を商っていたのだろうか。秦大津父は何を商っていたのだろうか。

横田健一氏は、『今昔物語』巻第二十九にこのような一節があるのに着目した。

今は昔、京に水銀商する者ありけり。年来役として商ければ、大きに富て財多くして家豊かになりけり。伊勢の国に年来通ひ行けるに馬百余疋に諸の絹糸綿米などを負せて常に下り上り行けるに……。

（今は昔、京に水銀の商をする者があった。数年来、役として商いをしていたから、大いに富を得て財は多くなり、家は豊かになった。伊勢の国に数年来通うのに馬百余疋に諸の絹糸綿米などを負わせて、常に下ったり上ったりしていたところ……）

伊勢は古来、水銀の産地として知られており、『延喜式』巻二十三民部省式に掲げる「交易雑物」の物品では、水銀四百斤を朝廷に貢納することが定められている。水銀では全国最多の量だ。現在の多気郡多気町（飯高郡丹生《にぶ》郷）に丹生山があって、ここが産地だという。当時、水銀は赤色顔料として使われ、古墳の石室内に塗られたり、絵画や仏師によって使用された。横田氏は、商っていたのは水銀ではなかったか、というのである。

ちなみに『日本霊異記』上巻第七に、備後《びんご》国三谷郡の僧侶が三谷寺を建立し、本尊の仏像を造るために京へ上ったという説話がある。

禅師、尊像を造らんが為に、京へ上り、財を売りて既に金丹等の物を買ひ得て、還りて難波の津に到る。（後略）

とある。丹（朱砂・水銀）は、仏像を造立するには不可欠のものだったことがこの伝承からも知ることができる。

加藤謙吉氏は伊勢国に奈良時代、秦氏が在住していたことを明らかにしているが、彼らを通じて商いが行われていたのかもしれない。そのほかにも、前掲の今昔物語にも出ていた「絹糸綿米」などもあったであろうし、伊勢志摩の海産物なども商っていたであろう。また伊勢に近い志摩で産出される塩に注目してみてもいいかもしれない。重い塩を運搬するのに、馬の力が役立つことは十分にありえることであろう。

河内国での土木事業

秦氏と馬の関わりでいえば、河内国茨田《まんだ》郡、現在の寝屋川市にいた秦氏について留意する必要があるだろう。この地域にも秦氏がいたことは、『類聚和名抄』に「河内国茨田郡幡多《はた》郷」という地名がみえることや、近世に秦村・太秦村といった地名があったことなどから推測されている。

さらに『古事記』仁徳天皇段には、

秦人を役《えだ》ちて茨田堤《まんだのつつみ》及び茨田三宅《みやけ》を作る。

とある。

また「播磨国風土記」揖保《いぼ》郡条に以下の記述もある。

茨田堤（寝屋川市教育委員会提供）

枚方《ひらかた》の里。［土は中の上］。枚方と名づくる所以は、河内国茨田郡枚方の里の漢人来到《きた》りて、始めてこの村に居《す》みき。故に枚方の里と曰ふ。

播磨国揖保郡枚方里は、現在の揖保郡太子町佐用岡付近と推定されている。ここに「河内国茨田郡枚方の里」から、渡来系の集団が移住してきたというのである。

現在も寝屋川市内には、太秦・秦といった地名が方々にある。そして太秦古墳群と呼ばれる五世紀中葉から六世紀前葉にかけて営まれた二十五基の古墳がある。

なかでも有名なのが太秦高塚古墳である。全長四十メートルの造り出しをもつ円墳で、現在きれいに整備された古墳公園となっている。造られた時期は五世紀後半ころで、この時期では北河内最大だそうだ。周辺では高宮遺跡という古墳時代中期の大型の建物群（倉庫であろう）や、竪穴住居群の跡が発見されている。ここでは作りつけの竈《かまど》、初期の須恵器、韓式系土器など、明らかに渡来系の要素をもつ遺物が見つかっていて、秦氏の住居であることを証明するかのようだ。

馬を使いこなす

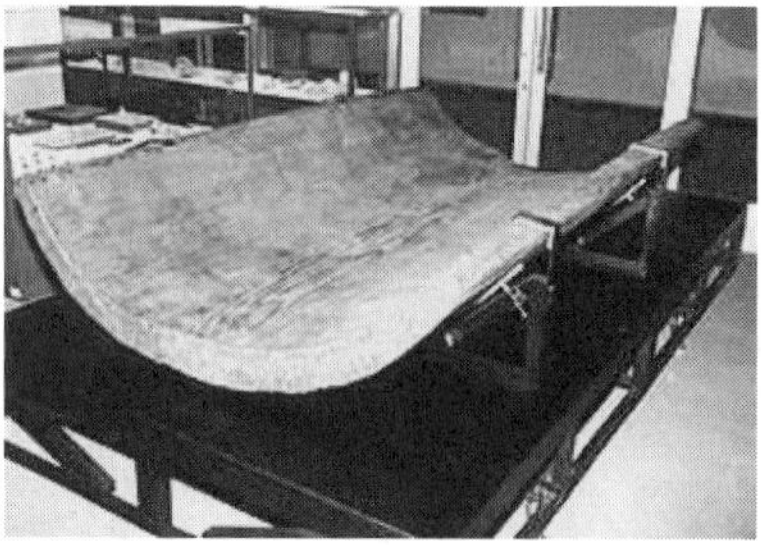
古代船（中央部分　長保寺遺跡出土　寝屋川市教育委員会提供）

この現在の寝屋川市域には、長保《ちょうぼ》寺遺跡という牧《まき》の遺跡が発掘されている。この辺りから南の河内湖東岸（現在の四條畷《しじょうなわて》市・東大阪市一帯）は、古来大量の馬を養った日本最古の牧のあったところである。日本列島にはもともと馬はいなかった。古墳時代中期初めころ（五世紀初頭）、朝鮮半島から運ばれ、この河内湖と生駒山に挟まれた平野を最初の牧として育てられたのである。これらをもたらしたのは当然、渡来人であろう。

　長保寺遺跡では、井戸枠に転用された準構造船の一部が発見された。朝鮮半島からこういう船に乗せられて、馬は日本列島にやってきたのだろう。そしてこの河内湖岸で降ろされたに違いない。その時期は五世紀前半ころではないか、と推測されている。馬の飼育・調習を専門的に担当した豪族は、河内馬飼首《うまかいのおびと》と考えられる。しかし寝屋川でこうした遺跡が見つかったことからすれば、秦氏もこれに関わっていた可能性が高まったといえるだろう。

秦氏と馬、という視点はこれまであまり深く追究されてこなかったようである。しかし、秦大津父が馬に乗って山背の深草から伊勢まで往来し、商業活動をしていたこと、深草の屯倉に多くの馬が飼育されていたこと、そして寝屋川の秦氏の領域に牧の存在が明らかになったことなどを合わせ考えてみれば、今後重要な問題となっていくに違いない。

十七万人のボリューム

先に紹介した『新撰姓氏録』山城諸蕃の記事に、雄略天皇が全国に散った秦の民を探させたところ、「秦の民、九十二部、一万八千六百七十人」に上ったとあるのに触れた。

秦大津父の伝承を記したあとの「欽明紀」元年八月条に、以下の記事がある。

秦人・漢人等、諸蕃の投化《おのずからもう》ける者を召し集へて、国郡に安置《はべ》らしめ、戸籍に編貫《つ》く。

秦人の戸数、総て七千五十三戸、大蔵掾《ふびと》を以て秦伴造と為す。

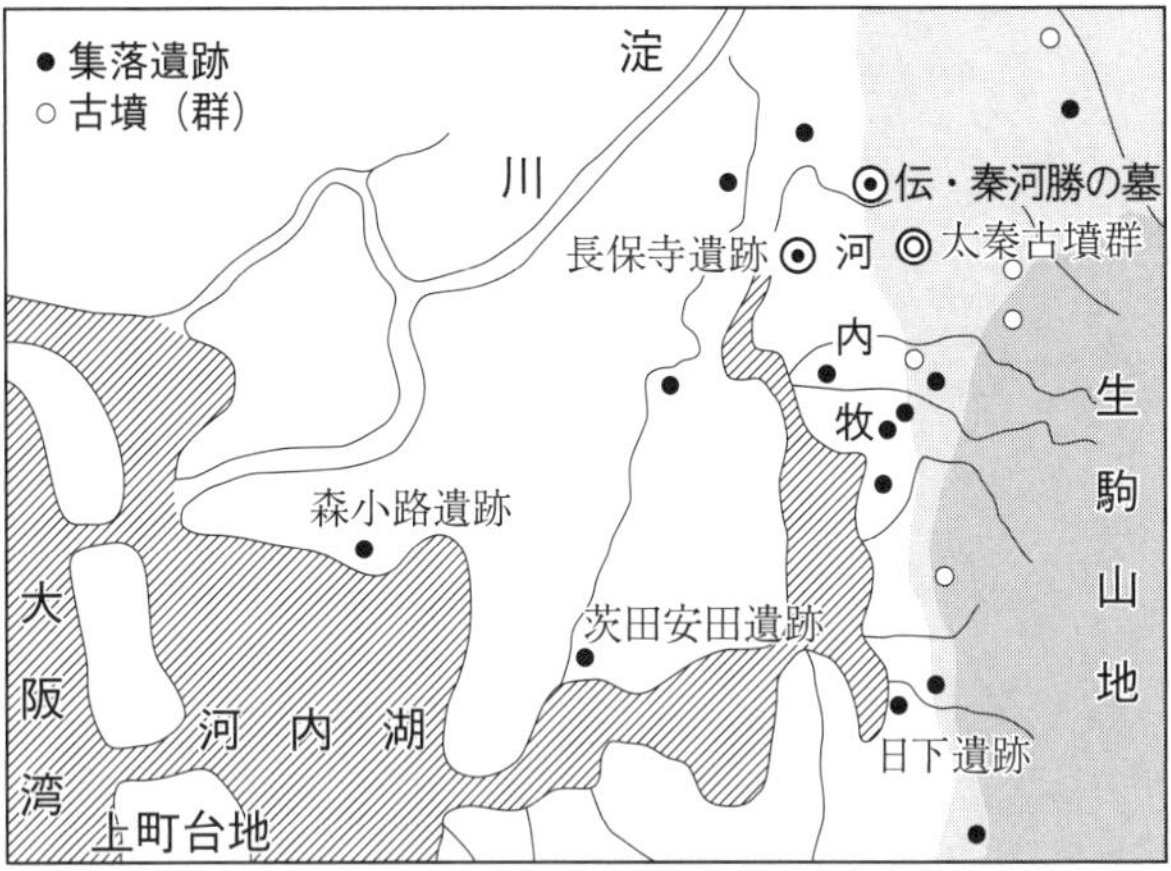

河内牧と茨田郡の秦氏

（秦人・漢人等、諸蕃国から帰化した者を召集して、国郡に安置し、戸籍に登録した。秦人の戸数は全部で七千五十三戸あり、大蔵掾を秦伴造とした）

秦人・漢人などすべての渡来人を召集して、各国郡に住まわせ、戸籍に登録したという。全国的な戸籍が初めて作成されるのはこれより約百三十年くらいあとの庚午年籍《こうごねんじゃく》まで待たねばならない。しかし屯倉のような限られた地域の戸籍であれば、欽明朝の後期には作成され始めていた。これによると、秦人（秦人・秦部・秦人部などを含む秦の民全体であろう）の戸数は全部で七千五十三戸あったというのである。古代の一戸の平均はおおよそ二十五人とされているので、単純に二十五を掛

ける と、十七万人を超える。

　この数字は誇張されたものではないかという見解もある。『新撰姓氏録』山城諸蕃の「秦の民、九十二部、一万八千六百七十人」という数字との整合性も問題となるだろう。

　日本古代の人口については、古くは沢田吾一氏の推定（奈良時代の総人口、六百万〜七百万人）、近年ではより精密な鎌田元一氏の推定（八世紀前半、四百四十万〜四百五十万人、奈良末〜平安初期五百四十万〜五百九十万人）がある。いま仮に六世紀前半ころの人口を四百万人で計算してみると、秦氏の人口十七万人は、その約五パーセントになる。たしかに多いようにも思うが、他の豪族の総数を記した史料が皆無であるため、比較のしようがないのも事実だ。ただ秦氏の人口だけ数字が残されているということ自体、彼らの人口が最も多かったことを暗示するものであろう。

　最後に「大蔵掾を秦伴造とした」という記事について、触れておこう。「大蔵掾」とはのちの大蔵省の三等官であるが、ここでは具体的に秦大津父のことを指しているとみられる。彼を秦氏の「伴造」、すなわち全国の秦の民の管理者に任命したという意味である。

第三章　秦河勝と聖徳太子

嵐山・大井神社の意味

　京都を訪れる内外からの観光客は、二十一世紀の今日も全く衰えを知らない。なかでも嵐山一帯の賑わいはひとしおである。洛中から七キロほど西になるこの景勝地に、広々とした嵐山の緑と桂川のおおらかなせせらぎがある。大津で生まれ育ち、今は京都近郊に住む私だが、子どものころ姉の十三参りで渡月橋《とげつきょう》を渡ったときの家族の思い出も懐かしい。数年ぶりに訪れたこの嵐山、そぞろ歩く人たちの表情がみな幸福そうに見えたのが心に残った。

　花がさかりのころの休日ともなれば都会なみの雑踏となるこの界隈で、最も賑わいをみせているのが、渡月橋を北へ渡りきった橋のたもとあたりであろう。そのままこの道をまっすぐ進んで天龍寺や常寂光院、二尊院、化野《あだしの》念仏寺などへ向かう人もあれば、桂川沿いの道を下ってゆっくりと散歩する人、同じ道を上って川遊びの小舟に乗ろうとする人、またこのごろ流行りの人力車の乗り場もあって、かなりごったがえしている。

私の目的は、橋のたもとを一筋川下へ降りたところを曲がった細い道の袋小路にあった。そこには赤い小さな鳥居と祠《ほこら》がある。行ってみると、かたわらで近所の料亭の板前さんらしき人が煙草を吸って一息入れているだけで、他には誰もいなかった。地元の人のものだろうか、自転車が十台以上無造作に並べられている。一筋出れば雑踏なのだが、この祠の周囲だけは忘れ去られたように静かだ。

この無住の神社は、名を大井神社という。『日本三代実録』貞観十八年条に「山代大堰《おおい》神」とある。解説板があって、「大堰川の守り神、また商売繁盛の神として古来住民の信仰が厚い。また秦氏や角倉了以《すみのくらのりようい》の信仰も厚いものがあった」云々と読めた。「堰」とは漢和辞典をみると、「土を積んで水流をせきとめるもの」とある。今も轟々たる音を立てて流れる大河、桂川（葛野川、大堰川ともいう）であるが、この川とのつきあいに古代から人々は心を砕いてきた。その祈りがこの社を伝えてきたのである。

葛野大堰の建設

『政事要略』所引「秦氏本系帳」にはこう記されている。

葛野大堰を造ること、天下に於いて誰に比検せむ。是、秦氏種類を率いて催し、構え造る所也。昔、秦の昭王、洪河を塞堰《そくせき》し、溝澮《こうかい》に通じ、田を開くこと万頃《けい》。秦の富、数倍す。（中略）今、大井堰の様、則ち彼に習ひて造る所なり。

（葛野大堰を造ったことは、天下に於いて誰に比肩する者がいるであろうか。これは、秦氏が一族を率いて催し、構え造ったものである。昔、秦の昭王が、洪河を塞き止めて、用水路を造って、万頃（百畝＝一八二アール）の田を開いた。その結果、秦の富は数倍になった。（中略）今の大井堰のありさまは、これに習って造ったのである）

渡月橋のたもとの大井神社

この記事からは、「葛野大堰」が古代日本における最大規模の河川工事によって出来上がったものであること、秦氏が一族を動員して達成したことがまずわかる。そして、この土木工事はかつて秦の昭王の行った、大河を塞き止め、用水路を通した結果、数倍の収穫が上がった土木工事に倣ったものであると記されている。

たしかにこの桂川は古代よりしばしば決壊したようで、平安初期の承和年間(八三四〜八四八年)には「葛野大堰」も決壊したとある。時の天皇は、僧道昌に詔してその修復に当たらせている。

治水のプロ集団

また『令集解《りようのしゆうげ》』雑令《ぞうりよう》の「即ち渠堰《きよせき》修治すべきは、先に用水之家を役《えき》せよ」とある記事の「古記」(大宝令の注釈書)に、「修理に堪へざれば、人夫を差発して、修治せよ。近きを以て遠きに及ぼせ。仮令《たとえば》、葛野川堰之類、是《これ》用水之家を以て、修治に堪ふるべからざる也」とあるのも注目される。

この法令を要約すると、川が決壊して「渠堰」(堀、用水路)の修理をすべきときは、まず「用水之家」すなわちその「渠堰」を利用している近隣の家から労働力を提供させよ、

現在の大堰川の堰

というのである。今で言えば受益者負担といったところか。ただ、「古記」が注釈するのは、修理に堪えられない場合は人夫を使え、つまり〝近隣の家の者だけでは足りない場合は徴発された人夫を動員せよ〟というのである。但しその場合でも「近きを以て遠きに及ぼせ」、つまり近隣の者から優先して使え、というのである。たとえば、「葛野川堰之類」は、「用水之家」を以てしては、修治に堪えられないからだ、というのである。

ここで「葛野川堰」は、決壊した場合の修復工事が大規模なものとなり、とうてい地元の民の労働だけでは足りないものの典型として挙げられているのである。それくらい大規模で、しかも決壊の恐れのある大河として、葛野川（桂川）は有名だったのだ。それを造成したのが秦氏であった。

葛野大堰は、決壊を防ぐ堰であるとともに、灌漑用の用水路でもあった。遺構そのものは発見されておらず、そのため築造された年代も五世紀後半とする説と六世紀後半とする説とがあってはっきりしない。ただ、現在の渡月橋付近に大堰川という名称があることなどからも、その辺りに存在したと推定されている。

渡月橋を一・五キロほど南へ下ったあたりに、桂川が西南へ大きく屈曲したところがある。反対の東側からみれば、陸地が大きくせり出したような地形だ。このあたり一帯を梅津という。多くの人が推測するように、もとの意味は「埋め津」であろう。つまり埋立地である。このあたり、おそらくしばしば桂川が決壊し、沼地のようになっていたのを秦氏の徴発した労働力と技術力とで埋め立てて造成したのであろう。

桂川との格闘

渡月橋の一・五キロほど南に松尾大社がある。のちに触れるが、ここも秦氏の奉斎する神社である。さらにそこから一・五キロ近く南下した現在の上桂のあたりに、前方後円墳が集まっていた。現在は残念ながら破壊され、どこにもその痕跡はない。穀塚古墳、清水

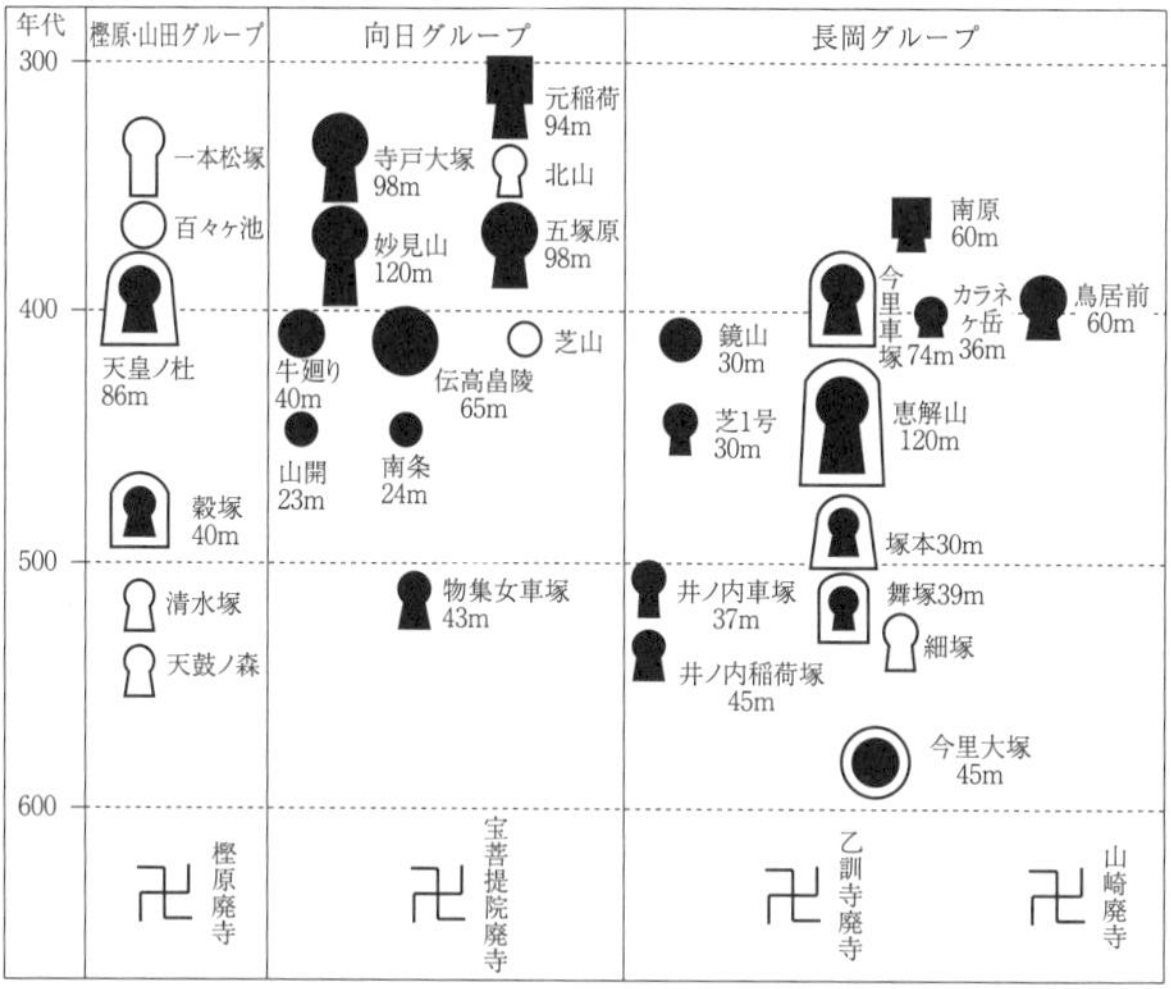

桂川地域の古墳群(都出比呂志「古墳時代首長系譜の継続と断絶」より)

蛇塚古墳（京都市右京区太秦）

塚古墳、天鼓ノ森古墳など。おおよそ五世紀後半から六世紀半ばころの築造だったという。すべて秦氏と関わる古墳とみてよいだろう。

新緑の頃、地図を片手にこの辺りを歩いてみたが、ほとんど徒労に終わった。あとで調べてみて、その惨憺たる状況に暗澹とした。せめて、ここに某古墳があったが今はない、という解説板だけでもあって欲しい。それが破壊をした後生の責任ではないかと思う。

桂川の東側の嵯峨野地域の古墳は辛うじて今も残されているものが多い。太秦の清水山古墳、天塚古墳、蛇塚古墳などだ。いずれも秦氏の造営したものと考えるべきであろう。時期は五世紀後半ころ始まっているらしい。大阪大学の都出比呂志氏の推定では、この中で最も古いとされるのが、段の山古墳で五世紀後半、次いで清水山古墳、天塚古墳、仲野親王陵古墳、蛇塚古墳の順である。

桂川の大改修は、ちょうどこうした古墳が造られていた時代に継続的に行われていたのであろう。したがってその時期は、五世紀後半とか六世紀後半とかに絞る必要はあるまい。幾度となく決壊したであろうこの川の改修には、何十年にわたる粘り強い取り組みが求められたとみられる。それでも秦氏はこの事業に取り組み続けた。

葛野大堰を造ること、天下に於いて誰に比検せむ。是、秦氏種類を率いて催し、構へ造る所也。

と謳われた秦氏の文明が、自然の猛威と対峙したのである。それは、この時代の秦氏を代表する人物の名前に現われている。北條勝貴氏も指摘するように秦河勝とは、文字通り「河に勝った」という意味だ。

しかし実際には桂川との闘いは、なかなか手ごわいものだった。いったんは勝ったと思っても時がたつと、またこの川が洪水を起し、人々の生活を破壊した。格闘はこの地が都となったあとも続いた。

『日本後紀』延暦十八年十二月の条に、桂川の洪水に関して桓武天皇が発した勅が掲載されている。

勅すらく、山城国の葛野川、都下に近在し、洪水有る毎に徒渉《わた》るを得ず。大寒の節は人馬共に凍れり。来往の徒、公私同じく苦しむ。よろしく楓・佐比の二つの渡は、各度子《わたしもり》を置きて、以て民の苦を省くべし。

（勅して言われたことには、山城国の葛野川は都に近く在り、洪水が有るたびに歩いて渉ることができない。最も寒いころには人も馬も共に凍ってしまう。ここを通る人々は、公私共に苦しんでいる。そこで、楓（桂）・佐比（吉祥院）の二つの渡は、それぞれに渡し

守を置いて、民の苦しみをなくすようにせよ）
「河勝」という名前は、むしろ彼らの願望、祈りから生まれたといったほうがいいだろう。私が訪れた大井神社（山代大堰神）への祈りも、自然の猛威に直面するこの地の人々の切実な思いが昇華されたものと考えたほうがいいかもしれない。

『日本書紀』における河勝

そこで次にこの秦河勝に関する伝承をとりあげてみよう。彼の登場する場面は『日本書紀』に三度ある。推古十一年十一月条、推古十八年十月条、皇極三年七月条である。最初は、皇太子（聖徳太子）から尊き仏像を賜り、蜂岡寺を創建したという記事、二度目は新羅・任那の使者を出迎えた人物の一人としての記事、三度目は大生部多《おおふべのおお》の常世神信仰を退治したという記事で、最後に彼をほめたたえる歌まで収められている。

このほか、『上宮《じょうぐう》聖徳太子伝補闕記《ほけつき》』と『聖徳太子伝暦《でんりやく》』にも秦河勝は登場している。この二書は、いずれも平安時代初期に成立したと考えられている聖徳太子の伝記である。

『上宮太子伝補闕記』は、「軍政人《いくさのまつりごとひと》秦造河勝」が、用明天皇没後の蘇我・物部戦争で聖徳太子の側近として戦い活躍したと記す。『聖徳太子伝暦』も同じ趣旨で、「軍允《いくさのきみ》秦造川勝」と記している。

この二書では秦河勝が現れるのは、いずれも蘇我馬子と物部守屋の決戦の場面であった。中村修也氏のように、この記事に信を置き、彼を「太子の側近あるいは軍事顧問的存在」であったと推定する見解もある。しかし、対応する『日本書紀』の蘇我・物部戦争の記事に秦河勝の名が全く見えないことからすると、この記事に信頼を置くのは危険ではないか。本当に秦河勝が蘇我・物部戦争で活躍したのかどうか、私には疑問に感じられる。

蜂岡寺（広隆寺）の不思議

それでも彼と聖徳太子の関係を示す記事が『日本書紀』にある。推古十一年条の蜂岡寺創立伝承である。

十一月己亥朔、皇太子《ひつぎのみこ》、諸の大夫に謂《かた》りて曰く、「我、尊き仏像を有《たも》てり。誰かこの像を得て恭拝《おが》まむ」と曰ふ。時に秦造河勝進みて曰く、「臣、拝みまつらむ」とまうし、便《すで》に仏像を受く。因りて蜂岡寺を造る。

（十一月己亥朔、皇太子が諸々の大夫に、「私は尊き仏像を持っている。誰かこの像を引き取って礼拝する者はないか」と言われた。その時、秦造河勝が進み出て云った。「私が

礼拝いたしましょう」。そう言って、仏像を受け取った。こうして蜂岡寺を造った)

これが蜂岡寺、のちの広隆寺の創立伝承である。このとき聖徳太子から秦河勝に下賜された「尊き仏像」とは、何であろうか。誰しも思うのは、現在広隆寺に安置される半跏《はんか》思惟《しゆい》像であろう。国宝第一号として知られるあの弥勒菩薩(頭部の宝冠が目立つので「宝冠弥勒」と呼ばれている)が、『日本書紀』推古十一年条にみえる仏像なのだろうか。

実はもうひとつ、この寺の本尊と関わりがあるかもしれない記事が『日本書紀』にある。それが「推古紀」三十一年条だ。

三十一年秋七月、新羅、大使奈末智洗爾《なまちせんに》を遣し、任那、達率奈末智《だちそちなまち》を遣して、並びに来朝す。仍りて仏像一具及び金塔併せて舎利、且つ大きなる観頂幡一具、小幡十二条を貢る。即ち仏像は葛野秦寺に居《ま》しまさしむ。余の舎利、金塔、観頂幡等は以て皆四天王寺に納《い》る。

(三十一年秋七月、新羅が大使奈末智洗爾を遣し、任那が達率奈末智を遣して、並びに来朝した。そこで仏像一具、及び金塔併せて舎利、且つ大きなる観頂幡一具、小幡十二条を貢った。そこで仏像は葛野秦寺に安置した。これ以外の舎利、金塔、観頂幡等は以て皆四天王寺に納めた)

このとき新羅の使者がもたらした仏像は、「葛野秦寺」に安置されたという。この「葛野秦寺」は、先の記事の「蜂岡寺」と同じく「広隆寺」ではないかという説がある。平安初期の承和三年に成立した『広隆寺縁起』にも、この寺の別名として秦公寺・蜂岡寺という寺号が記されているからである。

本尊と寺院の転変

広隆寺の宝物館を訪れたことのある読者は、この寺にもう一体、半跏思惟像があるのをご記憶だろうか。有名な「宝冠弥勒」の左隣に、これよりやや小さめの「泣き弥勒」と呼ばれる同じようなポーズの像がある。この仏像も飛鳥時代の作とされており、歴史的な重要性は見逃せない。

現在、我々が仰ぎ見る二体の弥勒菩薩が、推古十一年条に記される聖徳太子下賜の仏像と、推古三十一年に新羅からもたらされた仏像の、それぞれどちらかに該当するのではないか、と考えられるのである。二体の弥勒菩薩のうち、日本ではほとんど使わない赤松を素材とする「宝冠弥勒」は、作風の特徴からしても朝鮮製ではないかとの見解が有力で、「泣き弥勒」は国内の作ではないかとの推定がある。

ただもうひとつ問題を複雑にしているのは、『聖徳太子伝暦』などには、推古二十四年にも新羅から仏像が献上され、この寺に安置されたと伝えていることである。この伝承が史実かどうかは不明であるが、美術史家の毛利久氏は「泣き弥勒」が長くこの仏像と考えられてきたのではないかと推定している。

その後、この寺の本尊は薬師如来に代わったらしい。毛利久氏はその時期を久安六年(一一五〇)の火災以後と考えているが、川尻秋生氏はその時期をもっと早く延暦十六年(七九七)と考えている。その薬師如来像は現在、伝わっていないようだが、神像様式をもっていたと推定されており、そこから神仏習合の影響が指摘されている。

本尊の経緯も複雑だが、寺地もまた変遷を経てきているようだ。元は現在の位置になかったというのである。承和三年の『広隆寺縁起』には、「本旧寺家」は

九条河原里

から

同条荒見社里

にかけてあったが、

而るに彼の地狭隘也。仍りて五条荒蒔里。

に移ったとある。

福山敏男氏の分析によると、現在の紙屋川をかつて荒見川とも呼んだので、荒見社里は、おおよそ今の北野天満宮の北あたりであろうとされる。そこが「狭隘」であるという理由で、「五条荒蒔里」すなわち現在の広隆寺の寺地に移ったというのだ。

現在の場所に移転する前の旧広隆寺にあたるとみられているのが、一九三六年に発見された北野廃寺跡の遺跡である。京福電車の北野白梅町駅の前に石碑がある。飛鳥時代から平安時代にかけての寺院跡がここで見つかった。さらに一九七九年になって、「野寺」と書かれた土器片が見つかった。

こうした史料をもとに、井上満郎氏はこの間の経緯を以下のように推測する。①飛鳥時代に広隆寺が北野に創建され、②のちにこれが太秦に移転し、③旧地の寺院は寺名を「野寺」とした。

広隆寺縁起の示唆

現在の広隆寺境内地は一九七七年以来、発掘が進められており、七世紀前半の軒丸瓦を始め、奈良時代から平安時代までの瓦が発見されている。この寺が「少なくとも七世紀前半には整備され、八世紀初頭には伽藍整備された」（網伸也氏）ことが解明されてきている。これによって、飛鳥時代にすでに、現在の北野と太秦とに秦氏の寺院が二つ併存していたことが確実になった。単純に広隆寺が北野から太秦に移転したのだとは言い難くなったのである。では、この二つの寺のうち、どちらが蜂岡寺（広隆寺）で、どちらが葛野秦寺なのであろうか。

私は、蜂岡とは双《ならび》ヶ岡のことではないだろうか、と考えている。『上宮聖徳太子伝補闕記』には、蜂岡寺は蜂岡の丘の南に建立したとある。真南ではないけれども、広隆寺は確かに双ヶ岡の南西にあたる。これと比べると北野には蜂岡という地名もないし、これに相当するような丘もない。

こうしたことから、太秦にあったのが蜂岡寺、北野にあったのが葛野秦寺であろうと推定したい。のちに何らかの事情で、二つの寺は太秦に統合されたのであろう。広隆寺縁起が寺の移転を述べるのは、このことではないか。

宝冠弥勒と泣き弥勒

さて推古十一年条にみえる、聖徳太子から秦河勝に下賜されたという蜂岡寺の本尊だが、この仏像を太子はどこから入手したのか、また誰に造らせたのか全く記述がない。この点は不審である。こうしたことからすると、この所伝はあくまで伝承として扱うべき性質のものではないだろうか。それでも少なくとも『日本書紀』編纂時、「蜂岡寺」の本尊となる古仏が存在していたことは疑えないことである。この仏像が、蜂岡寺の衰微したのち、もし新しく統合された広隆寺に移管されたのであれば、それがあるいは現在我々の目にする「泣き弥勒」なのかもしれない。

一方の「宝冠弥勒」は、「推古紀」三十一年条に記される、新羅が献上し「葛野秦寺」に納められたという仏像である可能性が高いであろう。この仏像は、平安初期に葛野秦寺が太秦に移転統合したとき、ともに移されたものとみられる。北野廃寺跡から「野寺」と記された墨書土器が見つかっていることは前にも記したが、思うにこの「野寺」とは「北野寺」ではなく、「葛野寺」という意味なのであろう。ちなみに「広隆寺」という寺号が史料に見え始めるのは意外にも遅く、『日本書紀』や『上宮聖徳法王帝説』など奈良時代までの文献には、「広隆寺」という名前はない。その理由についても検討する必要があるだろう。

毛利久氏は、「推古紀」三十一年条に記される、新羅が献上し「葛野秦寺」に納められたという仏像（おそらく「宝冠弥勒」）を、「新羅から聖徳太子の冥福を祈願しておくられたもの」と考えている。聖徳太子の没年は、『日本書紀』では推古二十九年二月とされているが、「天寿国繍帳」や法隆寺金堂釈迦三尊像銘には壬午の年、すなわち推古三十年二月とあり、こちらの方が正しいであろう、というのが学界の通説だ。これと関わって、当該の「推古紀」三十一年条も、実は三十年の出来事であるとする解釈もある。倭国の代表的な仏教崇拝者として、太子の名は新羅にも伝わっていたに違いない。「葛野秦寺」自体が、太子の菩提を祈って創立された寺である可能性も十分ある。とすれば、新羅から太子の冥福を祈って献納された弥勒菩薩が、この寺の本尊として安置されたのであろう。

奈良時代に記された『上宮聖徳法王帝説』には、「太子が起した七寺」として「四天王寺・法隆寺・中宮寺・橘寺・蜂岡寺・池後寺・葛木寺」を挙げる。蜂岡寺も葛野秦寺も、飛鳥時代から奈良時代にかけて、太子ゆかりの寺として、また秦氏の氏寺としてよく知られた存在だったと考えられる。

新羅使を接遇

秦河勝が、次に『日本書紀』に現われるのは、推古十八年十月条である。推古十六年の九月に遣隋使小野妹子が派遣され、一年後に帰国した。その翌年が推古十八年で、七月に新羅・任那の使者が来朝するのである。『日本書紀』は、その歓迎の模様を詳しく記録している。

額田部連比羅夫《ぬかたべのむらじひらふ》が新羅の使者を迎える荘馬《かざりうま》の長《おさ》、膳臣《かしわでのおみ》大伴が任那の使者を迎える荘馬の長に任命され、両使者が朝廷に招かれる時、秦造河勝と土部連菟《うさぎ》が新羅の導者（先導役）、間人連塩蓋《はしひとのむらじしおふた》と阿閉臣大籠《あへのおみおおこ》が任那の使者の導者となった。使者は四人の大夫《まえつぎみ》、大伴咋《くいの》連《むらじ》・蘇我豊浦蝦夷《とゆらのえみし》臣・坂本糠手《あらて》臣・阿倍鳥子《とりこ》臣に「使いの旨」を述べ、これを四人が大臣蘇我馬子に取り次ぐ。大臣はこれを聞いて、使者に禄を与えるのである。

前々年に遣隋使小野妹子とともに来朝した隋使裴世清を迎える儀式も盛大に行われ、これについても『日本書紀』は詳細に伝えている。歓迎儀式に参加した人物として両方に名前がみえるのが、額田部連比羅夫・阿倍鳥子臣・大伴咋連の三人である。いずれも国家的な儀式として行われたもので、人選に偏りがあったわけではない。一部では遣隋使は聖徳太子主導、新羅・任那外交は蘇我馬子主導で行われたと考える見方もあるが、私はとらない。

秦河勝が新羅の導者に任命されているのは、渡来系豪族としては珍しい抜擢といえるが、当時とくに出身にこだわらない人事が為されていたことを示すものでもあろう。秦河勝は、当時大臣・大夫に次ぐ政治的地位を獲得していたようだ。とりわけ渡来系豪族として、得意な外交の分野で活躍を期待されていたに違いない。彼の政治的役割は、単に聖徳太子の側近というにとどまらない、公的な役割を担っていたと思われる。

河勝は聖徳太子の側近か

秦河勝を「聖徳太子の政治的ブレーン」あるいは「最も有力な側近者」と見る捉え方が以前からある。さらには、思想的にも聖徳太子と秦河勝は新羅仏教の影響を受けており、百済仏教と近い蘇我氏、倭漢氏、鞍作氏など当時の仏教推進派の主流とは立場が異なっていたとする見方がある。要するに、聖徳太子・秦氏の新羅仏教派と蘇我氏と倭漢氏の百済仏教派との対立を想定する見方である。

ほとんど定説化していると言っても過言ではない見方であるけれども、本当にこういう構図の対立があったのだろうか。前著『謎の豪族　蘇我氏』（文春新書）でも述べたように、私はこうした捉え方はいささか図式的に過ぎると思う。

たしかに秦河勝が聖徳太子から蜂岡寺の本尊を譲り受けたとある伝承は、両者の親近な関係をうかがわせるものである。しかし、これが蘇我氏・倭漢氏に対抗する政治的な意味

法興寺（飛鳥寺）

をもつ関係だったとまで言えるだろうか。少なくともそうした記述は『日本書紀』にはない。聖徳太子と蘇我馬子を対立した関係に捉えるのも前著でも述べたとおりかなり疑問で、むしろ両者は協力関係にあったというべきであろう。馬子は太子の後見人的な立場にあったと私は考えている。

また聖徳太子を新羅派、蘇我氏を百済派とするのも解しがたい。太子の仏教の師は高句麗僧恵慈《えじ》であり、外典（仏教以外の書籍）を学んだのは百済出身とみられる博士覚哿《かくか》からであった。また恵慈は当初、蘇我氏の氏寺である法興寺（飛鳥寺）に属していた僧である。蘇我氏の氏寺である飛鳥寺と、太子の関わる法隆寺が対立的な立場にあったとは到底考えられない。

先に挙げた推古十八年の新羅・任那の使者を迎える儀式には大臣蘇我馬子・蝦夷も顔を出し、重要な役割を演じていた。馬子は決して新羅をないがしろにしていたわけではない。蘇我氏が反新羅・親百済といった態度をとり続けてきたとは考えられないのである。

また『古語拾遺』の伝承も思い起こしておきたい。諸国の貢物が増大した結果、大蔵を新しく設置し、蘇我満智宿禰に三蔵［斎蔵・内蔵・大蔵］の監督、秦氏にその品物の出納、東西の文氏にその帳簿の記録をそれぞれ担当させた、とある伝承である。この伝承がすべて史実そのままとは認めがたいにせよ、蘇我氏・秦氏・倭漢氏が決して対立していたわけではなく、共に国家財政にあたっていたことが察せられよう。

新興宗教をつぶせ

秦河勝が『日本書紀』に現われる三度目は、「皇極紀」三年七月条、大生部多の常世神《とこよのかみ》信仰を退治したという記事である。

秋七月、東国の不尽河《ふじのかわ》の辺の人大生部多、虫を祭ることを村里の人に勧めて曰く、「此れは常世神なり。この神を祭れば、富と寿を致す」。巫覡《かむなき》等遂に詐き、神語《かむこと》に託して曰く、「常世神を祭れば、貧人富を致し、老人還りて少《わかがえ》る」。これによりて加えて勧むるに、民家財宝を捨て、酒を陳《なら》べ、菜六畜を路側に陳べ、呼ばしめて曰く、「新しき富入り来たれり」。都鄙の人、常世虫を取りて清座《しきい》に置く。歌ひ舞ひて福を求め、珍財を棄捨《す》つ。すべて益する所無く、損費極めて甚し。ここに於いて、葛野秦造河勝、民を惑わす所を悪《にく》み、大生部多を打つ。それ巫覡等恐れ、勧祭を休《や》む。時の人、便ち歌を作りて曰く、

太秦は　神とも神と　聞こえくる　常世の神を　打ち懲《きた》ますも

この虫は、常に橘の樹に生《な》る。或いは曼椒《ほそき》に生る。その長さ四寸余り、その大きさ頭《おお》指《よび》許りなり。その色緑にして黒点有り。そのかたち全《もは》ら養蚕に似れり。

（秋七月、東国の不尽河の辺りの人、大生部多が、虫を祭ることを村里の人に勧めてこう言った。「これは常世神である。この神を祭れば、富と長寿を致すことができる」。巫覡等は偽って神託であるとしてこう言った。「常世神を祭れば、貧人は富を致し、老人は還りて若返る」。これに加えて、民家には財宝を捨て、酒を家の前に陳べ、菜や六畜を路傍に陳べるように勧め、「新しき富が入って来たぞ」と呼ばせた。都鄙の人が、常世虫を取って清座に置いた。歌ったり舞ったりして福を求め、珍しき財を棄捨した。しかし全く益する所が無く、民の損害・出費は極めて甚大であった。ここに於いて、葛野の秦河勝は、民

が惑わされているのを憎み、大生部多を討伐した。巫覡等は恐れ、祭を勧めることをやめた。時の人が歌を作って曰った。

　太秦は　正真正銘の神と　言われている　常世の神を　打ち懲らしめたことよ

この虫は、常に橘の樹に生る《な》。或いは曼椒に生る。その長さは四寸余り。その大きさは親指くらいである。その色は緑で黒点がある。そのかたちは全く養蚕に似ている）

この記事は、中大兄皇子・中臣鎌足らが蘇我蝦夷・入鹿らを滅ぼす乙巳《いっし》の変の前年に置かれている。『日本書紀』のこの辺りの記事は、この政変の伏線となるような入鹿の専横の記事や、これに対抗しようとする中大兄や鎌足の動き、世情の不安を示す不穏な出来事などの記事ばかりが並んでいる。

右の常世神信仰事件の記事も、その一環としての意味をもつのであろう。したがって、私はこの記事の紀年にはこだわらない方がよかろうと考える。『日本書紀』がここに置いたのは、乙巳の変の直前に置くことで、蘇我氏全盛期の社会不安、不穏な雰囲気を盛り上げる意図からであって、実際にこの事件が起きたのは、乙巳の変のもうすこし以前である可能性が高いだろう。

常世神とは何か

あらためて内容をみてみると、富士川の辺りの人、大生部多が常世虫と呼ばれる虫を祭ることを勧め、これに巫覡等が便乗して、「常世神を祭れば、貧人は富を致し、老人は若返る」という神託を広めた。民は、財宝を棄てて酒や野菜、畜肉を道端に並べ、「新しき富入り来たれり」と盛んに唱えた。最初は富士川のほとりの人々だけがしていたことが、都にまで広まり、人々はこの虫を求め、進んで財宝を捨てたというのだ。秦河勝はこれをいやがり、大生部多を打ち懲らした。そうすると、巫覡等もこれを祭るのをやめた。当時の人々は、「太秦は、神の中の神とも噂される常世の神を、打ち懲らされることよ」と歌い、秦河勝を褒め称えたという。

この興味深い伝承をどのように捉えればいいのか。ここから秦河勝のどういう性格をみることができるだろう。

古く江戸時代に谷川士清《ことすが》は、秦氏は大生部を統轄する立場にあったのだとし、河勝が大生部多を弾圧したものと考えた。

飯田武郷は、このとき秦河勝はたまたま東国へ国司などに任じられて現地に派遣されたところ、こうした事件に遭遇し、これを憎んで打ち懲らしたのであろう、と述べている。

平野邦雄氏は、大生部多の常世神信仰の流行を「在地における反宮廷・反蘇我の運動」と捉え、その「黒幕」が秦氏であったと考えている。しかし、先に述べたようにこの事件は実際には乙巳の変の直前に起きたかどうかは分明でなく、そこに親蘇我や反蘇我の政治的立場が絡んでいるかどうかはわからないだろう。仮に平野氏の見解によるとしても、大生部多の黒幕であった秦氏がなぜこれを打ち懲らしたのか、説明が必要となるだろう。

下出《しもで》積与《せきよ》氏は、新興宗教ともいえるこの常世神信仰に、民衆道教の特徴を見出している。たしかに「常世神を祭れば、貧人富を致し、老人還りて少る」というあたりは、道教の不老長生、攘災致福の希求と共通する。氏は、このとき大生部多を教祖とする民衆道教の教団が形成されつつあったのではないかと考えている。

伊豆国棄妾郷

大生部多がどういう人物だったのか、『日本書紀』は「東国の不尽河の辺の人」としかなく、もっと具体的にどこにいたのか、どういった階層に属していたのか、秦河勝と何らかの関係があったのかどうかも示されていない。そのためこれまでの諸家の研究も推測に頼るほかない面もあった。しかし近年になって、「大生部」と書かれた木簡が複数発見されたことは特筆される。

一九八八〜一九八九年、平城宮跡などで発見された木簡の中に、「伊豆国田方郡棄妾郷《きしょう》瀬埼里大生部安麻呂」と書かれたものや、「伊豆国田方郡棄妾郷許保里戸主大生部真高」などと書かれたものが見つかった。伊豆国田方郡は、現在の静岡県沼津市から伊豆の国市など、伊豆半島の西側一帯にあたる。「棄妾郷」という郷名は、今では沼津市西浦木負《きしょう》という地名で残っている。

かつて大正天皇、昭和天皇の静養先として用いられ、今は公園として一般に公開されている沼津御用邸記念公園からバスに乗って三十分ほど、湾に沿った明るい道を揺られて行った終点が木負の停留所である。漁船や釣り船が停泊する夏の海の青さと、太陽の眩しい港が印象的だった。さらに先を行くと、井田松江《すんごう》古墳群という古墳時代後期の数十基の古墳群がある。

常世神信仰について、教祖大生部多の教えのもと、飢えや疫病に苦しむ人々がこうした災厄から逃れんがために、藁をもすがる思いでこの新興宗教に奔った、といったイメージを抱いていた私には、この陽光と豊かな海の幸に恵まれた伊豆の木負にはいささか戸惑った。しかし、こうした新興宗教は必ずしも貧困だけに由来するのではないのかもしれない。

常世神信仰の特色として指摘されていることに、それが従来から行われてきた共同体的な祭祀ではなく、「富と寿」という個人の欲求を叶えてくれるものであったということがある。古代社会というと、ただちに貧しい社会と捉えるのは我々の傲慢な思い込みかもしれない。

ただこの沼津市西浦木負一帯は、天気のいい日には富士山は遠く望めるものの、「不尽河のほとり」か、と問われるとやや苦しいところである。たしかに右の木簡から「大生部」一族がこの辺りに住んでいたことは確認できるけれども、この点はいささか弱いところだ。

私は沼津駅から電車に乗って富士川駅まで行き、そこから背の高い雑草の密生する富士川の川辺に出た。比較的晴れた日だったのだが、富士の高嶺のあたりを雲が隠し、半時間ほど粘ったけれども、ついに美しい姿はほとんど見ることができなかった。

富士を待ち望む気持ちは往古も今も変わりはないだろう。この霊峰がその麓に住む人々の信仰にどのような影響をもたらしたのか、そんなことも考えてみた。

なぜ弾圧したか

本拠である山背国からは遠い伊豆・駿河で流行した新興宗教を、なぜ秦河勝が滅ぼしたのか。これについて下出氏は、「宗教的にみるならば、仏教側の代表者が、道教の系譜をひく信仰に対して抑圧を加えたことをあらわす」とする。秦河勝を仏教側の代表者とみるのである。そしてもう一方の見方からすれば、「大生部多は地方の代表者」、「河勝は中央貴族の代表者」であり、この事件は「地方豪族層の中央貴族層に対する批判・反抗であった」が、結末は「地方豪族層の敗北、中央貴族層の勝利に終わった」と総括している。

右に紹介した下出氏の見解は肯けるところも多い。たしかにこの事件に宗教的背景があることは明白であろう。ただ、なぜ秦河勝がこれを弾圧せねばならなかったのか、この点が下出氏の説明では必ずしも十分ではないように思う。河勝は葛野秦寺や蜂岡寺を造ったことでもわかるように、信仰篤い仏教信者であったと考えられるが、彼に劣らず篤い信仰をもった人は他にもたくさんいたはずであろうし、彼よりも強大な政治権力をもった人物はもっといたはずであろう。なぜ秦河勝ひとりが仏教を代表して道教を弾圧しなければならないのかが、『日本書紀』の記事だけでは明らかでないのである。

あらためて『日本書紀』の記事を読み直してみよう。そこには何が書かれているだろうか。なぜ秦河勝は大生部多の常世神信仰を弾圧したのだろうか。

『日本書紀』によれば、河勝は「都鄙の人」が、常世虫を祭り、「歌ひ舞ひて福を求め、珍財を棄捨つ」ことが、「すべて益する所無く、損費極めて甚し」だから「ここに於いて、葛野秦造河勝、民を惑はす所を悪み、大生部多を打つ」と伝えている。

河勝が大生部多を許せなかったのは、その教えによって人々が生産をやめて歌ったり舞ったり、財産を自ら捨ててしまったからで、これでは民の生活に益する所が無く、損失が甚だ大きいからである。信仰上の理由というよりは、民の生産・経済活動を停止しようと図る教えに危機感を抱いたからであろう。これは秦氏の性格とも関わる問題である。

ここまで本書でもみてきたように、この氏は農業はもとより商業や国家財政の面において、主導的役割を果たしてきた。殖産興業や商業を先頭に立って推進してきたのは、誰よりも秦氏であった。その彼らにとって、「富を捨てよ」と民衆に説く大生部多の教えは、とうてい許すべからざるものだったに違いないだろう。国家財政を預かる豪族としても、全国に秦人や秦部を抱える立場からしても、こうした教えを奉ずる宗教は看過できなかったはずである。

道教の影響を受け、不老長生、攘災致福がもたらされると説いた新興宗教を打ち懲らした秦河勝を、民衆は褒めそやした。それが、

太秦は　神とも神と　聞こえくる　常世の神を　打ち懲ますも

という歌であった。その新しい威力によって神の中の神と称えられた常世の神を、秦河勝が打ち懲らしたことを、讃えているのだ。ここには秦河勝を新しい神の上に立つ者として位置づける意識がうかがえる。

大生部多は、「村里の人」に「虫」を「常世神」であると教え、これを祭れば「富と寿」とがもたらされると説いたのであった。しかしこの虫の実態は、蚕によく似た長さ四寸余りの虫にすぎなかった。このような生き物を神として崇め、これを祭れば富と寿がもたらされる、という教えは、一時の熱狂が過ぎてしまえば存外たわいないものである。このような新興ではあるけれども原始的な〝神〟を恐れず、対決する理性を備えていたのは、国中広しといえど秦河勝しかいなかったのであろう。そこに秦氏の面目躍如たるものを見る思いが私にはする。一首の歌も、そうした河勝の文明的な顔を賞賛しているのだろう。

河勝、異例の昇進

秦河勝は、『上宮聖徳太子伝補闕記』には「大仁《だいにん》」、「小徳」、『聖徳太子伝暦』にも「小徳」の地位にあったと記されている。これらは聖徳太子が制定したとされる冠位十二階の位で、「小徳」は十二階のうちの二番目、「大仁」は三番目の位である。他に「小徳」を任じられた人物というと、中臣連国、中臣連御食子《みけこ》、物部依網連乙等《よさみのむらじおと》、波多臣広庭、平群臣宇志、巨勢臣徳太、大伴連馬飼等々、中央の有力豪族ばかりである。このなかに渡来系豪族である秦河勝が伍しているのは、まさに異例の抜擢といえる。

彼がいつごろまで生きていたのか、諸書を見ても記載がない。『日本書紀』では最後の記事がこの「皇極紀」の常世神事件であるが、亡くなったことを伝える記事はない。『広隆寺縁起』に「大花上《だいけじよう》」という冠位も記されているが、これは大化五年に制定された冠位である。とすると、あるいは大化改新後も彼は生きていたのかもしれない。しかし、「大花上」という地位は冠位十二階の大徳・小徳と対応する位であるので、加藤謙吉氏も述べているように、ただ単に機械的に「小徳」を「大花上」に置き換えたものにすぎない可能性もあろう。「大花上」とあるからというだけで、彼が大化改新後も生きていたといえるかどうかは、疑問が残る。

「皇極紀」三年条は前掲の常世神事件を載せ、そこに彼の活躍を記しているが、この紀年は信用に値しないことは述べたとおりだ。むしろ私はこのとき彼はもう亡き人だったのではないか、とも思っている。

「舒明即位前紀」には推古の崩御後、田村皇子（のちの舒明天皇）と山背大兄王とが次期大王の座をめぐって争った記事が長文で掲載されていて、ここには双方の陣営に属した王族・豪族が多く登場する。私の数えたところ、大臣蘇我蝦夷、境部臣摩理勢《まりせ》から大夫を務めた有力豪族、王族などに至るまで二十人の名前が現われる。にもかかわらず、ここに秦河勝の名がないのである。従来からの関係からすれば、彼は山背大兄王の重要な後ろ盾として登場するはずであろう。冠位十二階の第二位の位にある彼である。すでにこの世の人ではなかったかもしれない、と推察するのはこうした理由からだ。

伝・秦河勝の墓（寝屋川市教育委員会提供）

　ただそれにしても、秦河勝の死後、秦氏一族の後継者となる人物がいたはずである。その人物の名前が今日伝わっていない。以後、しばらく山背の秦氏はなりをひそめるようにみえる。

第四章　大化改新後の秦氏

山背大兄王の滅亡事件

皇極天皇二年十一月、蘇我入鹿が、斑鳩にいた聖徳太子の長男山背大兄王《やましろのおおえのおう》一族を襲撃した。王は防戦の間に宮を脱出し、背後の生駒山に隠れた。四、五日山中に潜んだが、食事も出来ないままである。このとき側近の三輪文屋君が進言した言葉は、先にも記した通りだ。

「請ふ。深草屯倉に移り向きて、ここより馬に乗りて東国に詣りて、乳部《みぶべ》を以て本として、師を興して還りて戦はむ。其の勝たむこと必じ」といふ。

ここから深草の屯倉に移動して、そこから馬に乗って東国に行き、「乳部」を本拠として兵を起こして戦いましょう。そうすれば必ずや勝つことができます、というのであった。この「乳部」(「壬生部」とも書く)とは、各皇子・王族の養育費用に充てるため朝廷から支給された部民のことで、のちには「湯沐邑《とうもく》」とよばれた。各地に置かれたが、事実上、その王族の私有地・私有民のようになっていた。

山背大兄王滅亡事件の約三十年後、同じような状況から、この「乳部」、当時の湯沐邑を拠点に東国の兵を集め、決死の戦さに勝利した例がある。壬申の乱の大海人皇子（天武天皇）である。彼は出家・隠棲していた吉野を脱出し、尾張、美濃に向かうその途次において、美濃にあった自らの湯沐邑を軍事拠点として勢力を挽回した。

山背大兄王も深草に逃れさえすれば、その後の展開はまた変わったはずである。第二章でも記したように、深草屯倉には秦氏がいた。そこから馬に乗って東国に向かい、「乳部」を根拠に勢いを盛り返すことも可能であったかもしれない。しかし彼は、無益な戦さはしたくないと言ってこれを拒否して生駒山を降り、斑鳩に入ってそこで一族と共に滅ぼされた。

こうして聖徳太子の一族は滅んだのであった。

それにしても、なぜ聖徳太子の長男である彼は、山背大兄王という名前なのであろうか。山背とどういう関係があったのだろうか。考えられるのは、山背国の豪族によって養育されたという事情である。皇子の名前の多くが、その養育にあたった氏の名前や、壬生部＝

乳部の名前をとったものであることは、よく知られている。

たとえば大海人皇子の名前は、大海人氏の女性が乳母として養育にあたったことに由来するとみられている。山背国には、山背直といった豪族がいるが、聖徳太子の長男の乳母に選ばれるにはいささか地味すぎる豪族だ。あるいは秦氏が養育したのではなかったか。

横田健一氏がすでに山背大兄王について「山背地方に蟠居した氏族が養育し、山背地方にその湯沐邑にあたる所領が、経済的基盤としてあったとすべきであろう。その際、壬生部が秦氏であったか否かは不明であるが、その可能性がないとはいえない」と述べている。山背大兄王は、山背国において、秦氏によって養育された可能性も考えていいだろう。

なぜ助けなかったか

しかし、結果的に山背大兄王は深草まで逃れることはなかった。それは『日本書紀』の伝えるように、無益な戦さをしたくないという聖徳太子の息子にふさわしい慈悲の心からだったのかもしれないが、戦略面から推測するならば、深草に行っても挽回は難しいと判断したからではなかったろうか。秦氏の力を頼みにはできないという判断があったのではないだろうか。

事実、深草の秦氏はこのとき最後まで動くことはなかった。もし本当に王を救い出す気持ちがあったのなら、王が深草まで逃げてくるのを待たずに、自ら斑鳩まで兵を率いて乗り出せたはずではないか。それを秦氏はしなかったのである。四、五日待っても斑鳩まで助けに来てくれなかったことで以て、王は秦氏の真意を悟ったのであろう。それが諦めの言葉につながったのではないか、と私は思う。端的にいえば、山背大兄王は秦氏に見放されたのであった。

山背大兄王滅亡事件の経緯について記すもうひとつの史料に、『上宮聖徳太子伝補闕記』がある。平安時代初期の作とされ、『日本書紀』に依拠して書かれた部分が多いものの、見逃せない独自の記事も含まれている。作者の名前が示されていないが、広隆寺の創立伝承など、秦河勝の事績が多く描かれていることから、秦氏の人物が関与したのではないか、との推測がされている。

ただ不可解なのは、にもかかわらず右にあげた『日本書紀』の伝承に該当する内容がこの書には見えないことだ。

癸卯年十一月十一日、丙戌亥時、宗我大臣幷に林臣入鹿・致奴《ちね》王子児名軽王《かるのみこ》（のちの孝徳天皇）・巨勢徳太古臣・大臣大伴馬甘《うまかい》連公・中臣塩屋連枚夫《なかとみのしおやむらじひらふ》等六人、悪逆を発し、

太子の子孫を討つ。男女二十三王、罪無くして害せらる。

（癸卯年十一月十一日、丙戌亥時、宗我大臣（蘇我蝦夷）と林臣入鹿（蘇我入鹿）、致奴王子の子の軽王（のちの孝徳天皇）、巨勢徳太古臣、大臣大伴馬甘連公、中臣塩屋連枚夫等六人が、悪逆をおこし、太子の子孫男女二十三王を討った。罪無くしてこれだけの人々が殺害された）

おおよそ、『日本書紀』の記述に依拠して叙述している同書が、どうしてここは『日本書紀』の記述を無視するのか。無辜《むこ》の民を戦さに巻き込みたくないという聖人らしい理由で説得を斥《しりぞ》けた山背大兄王のエピソードをどうしてあえて省いたのか、不思議でならない。これは、秦氏が最終的には山背大兄王を救援しなかった事実を隠蔽しているのではないか。秦氏にとって都合の悪い事実に触れていないのではないか、と私には思える。

『日本書紀』は「皇極紀」三年条に前掲の常世神事件を載せ、そこに秦河勝の活躍を記しているが、このとき彼はもう亡き人だったのではないか、という私の憶測は先ほど述べた。秦河勝の死の前後からしばらく山背の秦氏はなりをひそめるようにみえる。

近江の依知秦氏

これに代るようにして改新後の政界においてしばしば名をみせるのが、朴市秦造《えちはたのみやつこ》田来《たく》津《つ》である。ただ彼は、山背の秦氏ではなく、近江国の湖東、愛知《えち》郡の秦氏であった。近江の古代豪族については文献と考古学の成果を総合した大橋信弥氏の研究があるが、これらを参考にしながら、ここで愛知郡の秦氏——依知秦氏——について少し説明しよう。

近江の湖東地方に勢力を有した豪族としては、北から坂田郡に息長《おきなが》君、坂田君、犬上郡の犬上君、愛知郡の依知秦君、神崎郡の羽田君、蒲生郡の佐々貴山君、蒲生稲寸《いなぎ》、野洲郡の安直《やすのあたい》らが挙げられる。他の多くが在地の豪族であるのに対して、ほとんど依知秦氏のみが渡来系豪族である。彼らが、愛知郡でどれだけの勢力を有したか。この郡の歴代郡司を見れば明らかだ。

史料が残っているのは、平安時代初期のものではあるが、ほとんど依知秦氏の人間で占められている。

延暦十五年（七九六）十一月の愛知郡の郡司を記した古文書がある（「近江国八木郷墾田売券案」『平安遺文』第一巻）。そこでは、

大領…依知秦公子駿河

権大領…依知秦公

少領…依知秦公豊上
主政…野中史

とある。四人のうち三人までが依知秦公で占められているのだ。この郡内における同氏の勢力は圧倒的なものがあったと言ってよいだろう。

愛知郡を代表する古墳群として知られているのが勝堂古墳群である。かつては四十八基の大古墳群であったが、今では八基のみが残る。時期はどれも六世紀前半以降で、直径三十二メートルの赤塚古墳（円墳）、直径二十メートルの弁天塚古墳（円墳）、直径四十メートルのおから山古墳（円墳）などがある。大橋氏によれば「規模・埋葬施設とも他を圧する」という。しかもこの古墳群に採用されている横穴式石室は、この地域独自の湖東式ではなく、すべて畿内型であり、この点で「他の古墳群と際立った違いを示している」とされる。勝堂古墳群が依知秦氏の首長墓であると考えて間違いないだろう。

愛知郡の古墳群は、いずれも古墳時代後期のもので、それ以前の前期・中期の古墳に遡るものは認められていない。弥生時代の遺跡もわずかしかなく、大橋氏も考えるように、この郡の開発は近江の他の地域よりもかなり遅れていたようだ。結局のところ、この地域の開発はほとんど依知秦氏によって開始されたものであって、その時期は六世紀前半ころ

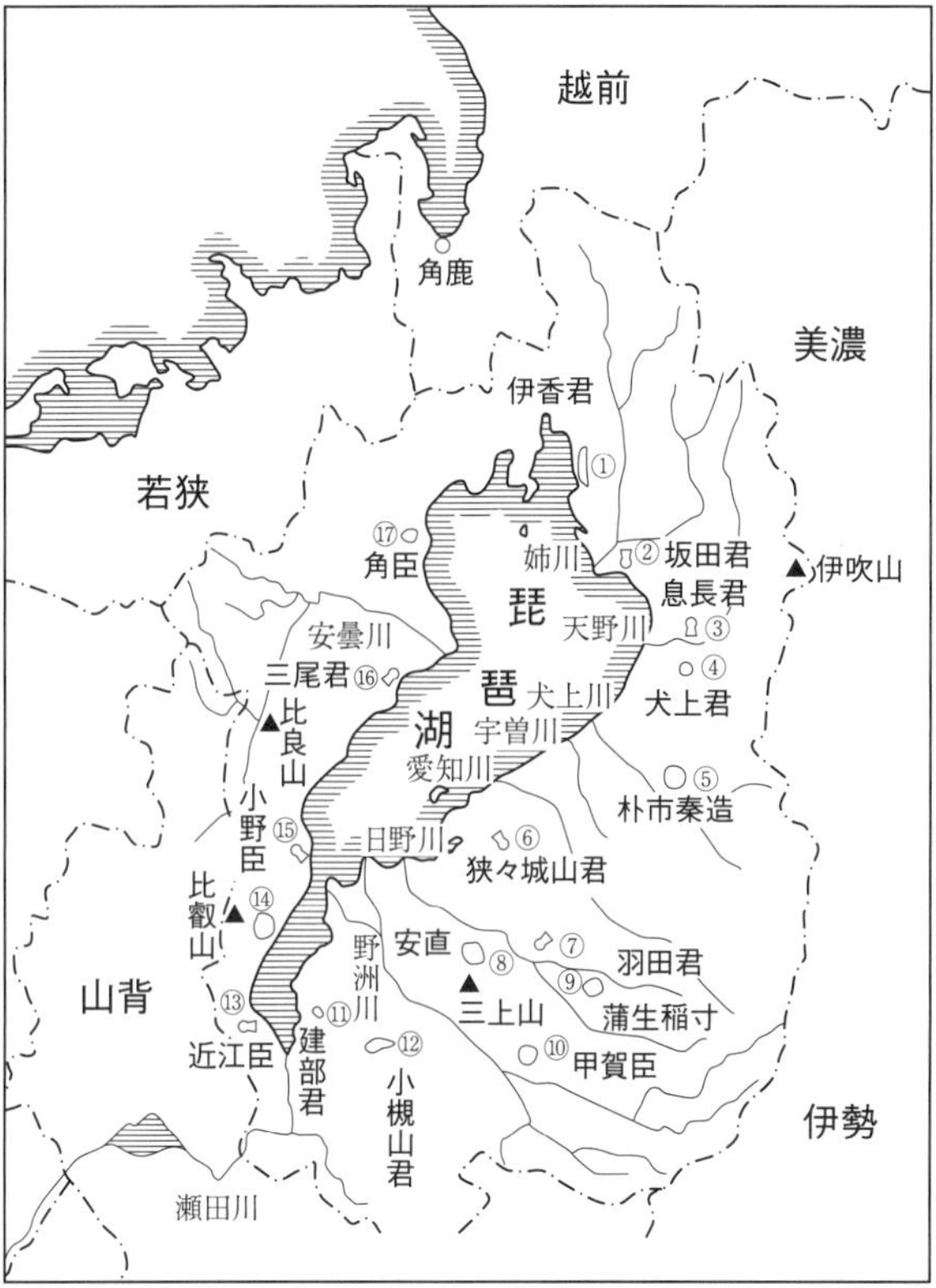

古代近江の豪族と古墳（岡田精司『八日市市史』第一巻より）

①古保利古墳群　⑦八幡社古墳群　⑬膳所茶臼山古墳
②長浜茶臼山古墳群　⑧大岩山古墳群　⑭木の岡古墳群
③山津照社古墳　⑨木村川合古墳群　⑮和邇大塚古墳
④九条野古墳群　⑩泉古墳群　⑯鴨稲荷山古墳
⑤金剛寺野古墳群　⑪織部古墳　⑰大供古墳群
⑥安土瓢簞山古墳　⑫安養寺古墳群

とみられるのである。

大橋氏は「おそらく愛知郡の依知秦氏はもともと山城に本拠をおいていた秦氏本宗家の一族であり、斉明朝を遡るさらに以前に、新天地を求め近江に移住したのではなかろうか」と推定している。

謀反人・朴市秦造田来津

大化改新後の中央政界において、しばしば現われる朴市秦造田来津は、この依知秦氏の人物である。彼の名が最初に『日本書紀』にみえるのは、大化元年九月の古人大兄《ふるひとおおえ》皇子の謀反事件の一味としてだ。

蘇我蝦夷・入鹿らが滅ぼされ、大化新政権が誕生したのが、皇極天皇四年六月十九日のことである。このとき皇極天皇は皇位を息子の中大兄皇子に譲ろうとしたが、中大兄は即位を辞退した。そこで皇極は弟の軽皇子を後継に指名した。軽皇子は、古人大兄皇子（舒明天皇の長子）の即位を推薦したが、もともと蘇我氏の支援を受けていた古人大兄皇子も即位を辞退し、また自ら髪を剃って出家し、吉野へ退いたのであった。こうして軽皇子が即位し（孝徳天皇）、中大兄皇子が皇太子に決まるのである。

かくして大化新政権がスタートするのだが、それからわずか三月足らずしか経っていない九月十二日（分註では十一月）、出家して吉野に逃れた古人大兄が謀反をはたらいたとの罪で討たれるのである。

『日本書紀』の「或本に云ふ」にはこのようにある。

　中大兄、阿倍渠曾倍臣《あへのこそへのおみ》・佐伯部子麻呂《さえきべのこまろ》、二人をして兵四十人を将て、古人大兄をせめて、古人大兄と子を斬る。その妃妾自ら経きて死す。

中大兄の命令で、阿倍渠曾倍臣・佐伯部子麻呂が兵四十人を率いて、吉野に隠棲していた古人大兄を攻め、一族を殺害した。このとき共犯者として五人の豪族が逮捕されている。このうち吉備笠臣垂《かさのおみしだる》は、

　中大兄に自首して曰く、「吉野の古人皇子、蘇我田口臣川堀《かわほり》らと謀反す。臣、その徒に預れり」。

と自首した人物である。

『日本書紀』が謀反に加わった人物として挙げているのが、他に蘇我田口臣川堀、物部朴《えの》井連椎子《いのむらじしいのみ》、倭漢文直麻呂《ふみのあたいまろ》、朴市秦造田来津の四人。自首をした吉備笠臣垂は別としても、他の四人には何らかの処置が下されたはずであるが、『日本書紀』には記載がない。その

うえ倭漢文直麻呂と朴市秦造田来津とは、その後の記事に名前がみえる。倭漢文直麻呂は、白雉五年二月に大乙上《だいおつじょう》の地位で遣唐使の一員として派遣され、朴市秦造田来津は「天智即位前紀」に小山下《しょうせんげ》の地位で、百済救援軍の将軍として派遣されているのだ。

謀反といっても、実際は吉野に隠退して三か月ほどしか経っていない古人大兄に、そのような用意はなかったはずである。多くの人々も推測しているように、この事件は冤罪の可能性が高い。そして、ここまで読まれた読者も想像されるように、罪を問われた形跡のない共犯者たちは、実は皇子を陥れるために謀反を唆《そその》かした陰謀の加担者だったのではないか、との疑いが抱かれよう。

とりわけ、自首をした吉備笠臣垂にその疑いが最も高い。その後も登用されている倭漢文直麻呂と朴市秦造田来津も、その可能性を否定できないだろう。状況証拠しかないことであるから断定はできないけれども、その疑いが捨てられない。そして、このような推定が正しかったとして、なぜ朴市秦造田来津がこのような任を負うことになったのか、このことにも興味がもたれるのだが、それ以上はわからない。

白村江で戦死

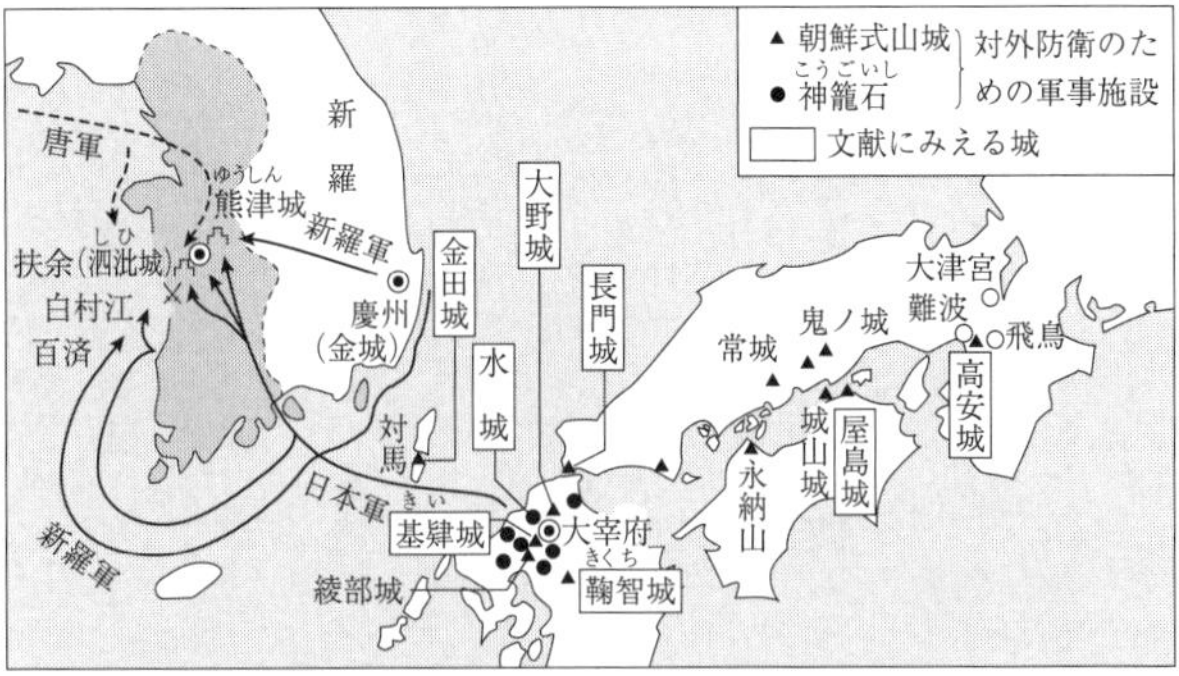

白村江の戦いと対外防衛（『女帝と譲位の古代史』より）

二度目に朴市秦造田来津の名がみえるのが、「天智即位前紀」に始まる百済救援軍の遠征に関する記事である。斉明天皇六年、倭国と親密な関係にあった百済が、唐と新羅の大軍の攻撃を受けて降伏した。国王である義慈王を始め、王妃・太子・王族らも囚われの身となった。しかし、百済の遺臣鬼室福信らが祖国復興のために戦さを起こして善戦し、倭国に援軍の依頼をしたのであった。倭国には義慈王の王子・余豊璋が長く滞在していた。斉明天皇は、余豊璋の本国送還と援軍の派遣を了承したのである。

斉明天皇自身も筑紫朝倉宮に遠征したが、斉明七年七月に急逝した。急遽後を継いだ中大兄皇子は、天皇の死の翌月、まず阿曇《あずみ》連比羅夫らを将軍とする軍を渡海させ、次いで翌月、百済王子余豊璋とともに狭井《さいの》連《むらじ》檳榔《あじまさ》、秦造田来津ら五千の兵を送ったのである。

以後、白村江の敗戦に至る経緯は、詳しく述べる他書に譲ろう。せっかく本国に帰還した余豊璋は、これまで奮迅の戦いを重ねてきた鬼室福信と内紛を起こしてしまい、彼を敵方に内通した者と誤解し、刑死させてしまう。戦術的にも過ちを犯し、敗戦につながってしまうのである。

このような中で、秦造田来津は何とかして倭国・百済連合軍の劣勢をはね返そうと一人奮闘した人物として、『日本書紀』に描かれている。豊璋が、州柔《つぬ》を出て土地の肥沃な避城に移るよう主張するのに対し、朴市秦造田来津は、避城は敵地と近いことから危険であると反対したが、聞き入れられない。結局は田来津の判断の正しかったことが証明されるのであるが、そのときはもうあとの祭りであった。『日本書紀』のこのあたりの記述は、

朴市田来津、独り進みて諫めて曰く、云々

などとあるように、彼のみが数少ない具眼の士であったことを強調するような筆致である。

田来津は最後、白村江で戦死するのだが、これも

朴市田来津、天を仰ぎて誓ひ、歯を切《くいしば》りて嗔《いか》り、数十人を殺し、ここに戦死す。

とあり、悲運の武将とでもいった表現が為されている。こうした描かれ方からして、一

連の記事はおそらく秦氏の氏族伝承がもとになっているのではないか、と推定される。

このように『日本書紀』は、白村江の敗戦に至るなかで朴市秦造田来津が奮戦したさまを描く。彼が当時有数の将軍であったことがうかがえるが、その背後には在地である愛知郡での傑出した実力があったに違いない。

壬申の乱で敵味方に

大化以後、秦氏の人物として『日本書紀』に登場する一人に、「斉明紀」四年十月にみえる秦大蔵造万里がいる。

この秦大蔵造万里は、斉明天皇の側近であったとみられる。斉明女帝には建王《たけるのみこ》という孫がいた（中大兄皇子の子）のだが、「啞にして語ること能はず」とある障害をもち、斉明四年五月、八歳にして亡くなった。この孫を殊のほか愛していた女帝は、我が亡きあとに「かならず朕が陵に合はせ葬れ」と群臣に詔したという。

十月、紀温湯に行幸した女帝はここでも亡き孫を偲び、三首の歌を詠んだ。そして「この歌を伝へて、世に忘らしむること勿れ」と秦大蔵造万里に言ったという。ここでは、三首の歌のうち、三つ目の歌を紹介しよう。

愛《うつく》しき　吾が若き子を　置きてか行かむ
（いとしい私の幼な子を残して行くのであろうか）

国語・国文学者の小谷博泰氏は、「この歌を伝へて、世に忘らしむこと勿れ」という詔を、筆録して後世に残すように、という意味ではなかったかと推測している。また、この御製を万里の代作であるとする説も有力である。

「大蔵造」という姓は、彼が政府の財政に関わっていたことを示すものであろう。これまでもたびたび史料にみえたように、秦氏は大蔵と関わりの深い豪族であった。おそらくこの秦大蔵造万里も朝廷の財政を第一の任務とする者であったに違いない。

壬申の乱では秦氏の人物は大海人皇子側、大友皇子側、両方に分かれて参戦している。このうち秦造熊《くま》が大海人皇子軍に参戦しているのに対し、秦友足《ともたり》は「近江将」と記され、「鳥籠山《とこのやま》」に於いて斬られたとある。

また天武九年五月には小錦下《しょうきんげ》「秦造綱手《つなで》」が「壬申の年の功」により大錦上の地位を賜り、持統天皇十年五月には、忌寸を追贈された。『日本書紀』にはその武功が記されていないけれども、よほどの働きがあったのであろう。

壬申の乱で一族が敵味方に分かれて戦ったのは秦氏だけではない。たとえば同じ渡来系の倭漢氏も同様であって、彼らが必ずしも一枚岩でなかったことがうかがえる。あるいは両軍に分かれることによって、どちらが勝利を収めても生き残れるように、という目論見があったのかもしれない。

倭漢氏への逆風

天武十二年九月、秦氏はそれまで「造」という姓を名乗ってきたが、このとき詔により他の三十七の氏族とともに、「連」という姓を名乗ることになった。これがその二年後の天武十四年、十氏の渡来系豪族とともに「忌寸」を名乗るよう命ぜられる。以後、彼らの姓は、「忌寸」で定着した。

それにしても、大化以後、山背の秦氏は政治の前線からは姿を消すように退いていく。それは、自分たちの将来を見据えた彼らの意志によるものなのか、それとも心ならずもそういう状況に追い込まれたのか、どちらだろうか。

秦氏と並ぶ渡来系豪族の雄、倭漢氏に関して、「天武紀」六年六月条に気になる記事がある。

この月、東漢直らに詔して曰く、「汝らが党族、本より七つの不可を犯せり。これを以て小墾田《おはりだ》の御世より近江朝に至るまで、常に謀を以て汝等は事と為す。今、朕が世にあたり、汝らの不可之状を責めて、犯に随ひて罪せむとす。然れども、頓《ひたぶる》に漢直の氏を絶やさむとするにはあらず。故に大恩を降してこれを原《ゆる》す。今より以後、もし犯有らば、必ず赦さざる例に入れむ」

（この月、天皇は東漢直らに詔しておっしゃった。「汝らが一族は、これまでに七つの悪事を犯している。そうして推古天皇の御世より天智朝に至るまで、常に謀略を以て汝等は仕事としてきた。今、朕が世にあたって、汝らの悪事を糾弾し、罪状によって処罰しようと思う。しかしながら、朕はひたすら漢直の氏の断絶を願っているわけではない。それゆえ、大恩を降してこれを赦免する。今後もし、罪を犯す者があれば、決して赦免の例には入れない」）

これまで「常以謀汝等為事」を、「常に汝等を謀るを以て事を為す（常に汝等をあやつることによって政治が行われてきた）」と読むのが通説であったが、これでは主語が曖昧で文意も通じにくい。私はここを「常に謀を以て汝等は事と為す（常に謀りごとによって、汝等は事を行ってきた）」と読んではどうか、と考える。

七つの不可

倭漢氏は推古朝から天智朝までに、謀りごとを氏の職務として、七つの不可なることをしてきたというのである。時の権力者の意向に沿ってさまざまな謀略を企て実行してきた、それが彼らの仕事であったというのだ。その旧悪を天武は裁こうとしている。具体的にはこの七つの罪状とは何であったのか。

蘇我馬子に命ぜられて東漢直駒が崇峻天皇を殺害した事件、その後も蘇我氏の事実上の私兵として従ってきたこと、古人大兄皇子の謀反に倭漢文直麻呂が加わっていたことなどが数えられよう。ただ『日本書紀』に記された事件だけではなかなか七つまではいかないのも事実である。壬申の乱の際の対応なども含めて、表に出ない旧悪があったのだろうか。天武も結局はかれらを滅ぼすまでのつもりはなく、二度と罪を繰りかえさないことを条件に不問に付している。これもまた怪しいことではあるが、天武もまた彼らを利用しようとしたのかもしれない。

秦氏は倭漢氏が「七つの不可」を天武から糾弾されたようなこととは一見無縁であった。第一章でも述べたように、倭漢氏が官人や軍人として時の権力者に密着して活躍していたのに対して、秦氏はもともと官僚というよりは土豪的な性格が強かった。だから、倭漢氏ほどの風当たりは受けなかったかもしれない。

しかし秦氏と倭漢氏は、古くから渡来系豪族の二大勢力として実績を積んできた。ライバルとも言うべき拮抗した間柄であったが、相似た性質も多くあった。倭漢氏への逆風は決して他人事ではなかったに違いない。秦氏にとってもその行動に自重せざるをえない状況が生じたものと想像される。

山背孤立主義

時あたかも律令制度が形成されていく時期にあたる。秦氏が行政において主たる任務としてきた大蔵の管理・監督の職掌は、律令制では大蔵省によって担当されることになる。大蔵省の存在は、天武天皇の殯《かりもがり》の記事に見えるのが確実な最初である。

この官司において秦氏はどのような役割を担ったのだろうか。平野邦雄氏によると、「秦氏は皇室財政の実質的な掌握者ではあっても、けっして高位の官職には上りえなかった」とある。七世紀以後の史料にみえる大蔵と関わる秦氏の人名は、いずれも下級の実務官である。たしかに大蔵・内蔵は、「秦氏に普遍的な職掌」（平野氏）であって、それは大化前代からの秦氏の役割が継続しているものと評価できる。しかし高位についた者は少なく、また令制の大蔵・内蔵の主鑰《しゅやく》・蔵部は、制度上は秦氏によって独占されていたわけではなかった。比較しうるのが、倭漢氏の伝統的な職掌である「史部《ふみひとべ》」で、令制においても倭漢氏はこの職に優先的に採用された。それは「学令」に、

凡そ大学の学生には、五位以上の子孫、及び東西史部の子を取れ。

（およそ、大学の学生には五位以上の子孫か、文筆の業務を職とする倭漢氏・西文氏の子を採用しなさい）

とあることで確認できる。「東西史部」とは倭漢氏や河内の文氏のことだ。彼らには優先的に官吏養成機関である大学に入学できる特権が法によって定められていた。

右に述べたことはすべて平野邦雄氏の指摘されたことであるが、倭漢氏らとはいささか異なり、秦氏のこれまでの実績は正当には評価されなかったようにみえる。それでも彼らが大蔵省の下級官人として孜々として勤めたことは確かである。

しかし、秦氏には官僚としての貌《かお》しかないのではない。官僚としての存在感がやや薄れた反面、山背地方の土豪としての側面が強まっていく。中央の秦氏は、本拠地の山背の開発に専心するのである。秦氏の孤立主義と言いすぎだろうか。近江の朴市秦造田来津がさかんに登用されるようになるのは、その代わりなのかもしれない。中央での活動は

もっぱら新興の依知秦氏に任せ、山背の秦氏は中央政界からは距離を置き始めるのである。こうした傾向は、大化以後というより、皇極二年に山背大兄王を見放したときからすでに始まっているとみたほうがいいだろう。

入唐僧弁正

奈良時代後期に編纂された日本最古の漢詩集『懐風藻《かいふうそう》』に、秦氏出身の釈弁正という僧侶の作が収められている。大宝元年の遣唐使とともに入唐し、そこで命尽きた人物である。その一首にこうある。

五言　唐に在りて本郷を憶ふ。一絶
日辺日本を瞻《み》、雲裏雲端を望む。遠遊遠国に労《いたつ》き、長恨長安に苦しむ。
(日の出る辺りに日本を見、遠い雲のなかに雲の端を望む。遠い遊学のため渡った遠国で辛い目に遭い、長く忘れぬ恨みを抱いて長安で苦しむ)

長安で望郷の思いにふけった心境を歌ったものだ。

『懐風藻』に彼の簡単な伝記が記されている。

弁正法師は俗姓秦氏。性滑稽、談論に善し。少年にして出家す。頗る玄学に洪《ひろ》し。大宝年中に唐国に遣学す。
（弁正法師、俗姓は秦氏である。性質は言葉が滑らかで知恵がよく回り、談論に長けていた。少年のとき出家した。広く仏教学に明るかった。大宝年中（七〇一年）に唐国に留学した）

彼は即位する以前の若き日の李隆基、すなわちのちの唐の玄宗皇帝と囲碁を通じて知遇を得たという。東夷の国から来た僧侶のなかに、意外にも囲碁に長けた者がいるというので、珍らしがられたのだろうか。

この歌を残した彼であったが、望郷の夢叶うことなく、唐土において世を去った。しかし彼には朝慶・朝元という二人の子がおり、朝慶は先に亡くなったが、弟の朝元は父と兄の叶えられなかった帰国を達成した。

元は本朝に帰り、仕えて大夫に至る。天平年中、入唐判官を拝し、大唐に至り、天子に見《まみ》ゆ。天子、その父の故を以て、特に優詔し厚く賞め賜ふ。還りて本朝に至りて尋《つ》ぎて卒す。

一度日本に帰国した彼は、その後再び遣唐使として入唐し、今は皇帝となった李隆基と再会した。父とのゆかりもあって、秦朝元は玄宗に厚遇された。そして再び彼は日本に帰り、そこで命を終えたのだった。

この秦朝元の娘が藤原氏の有力者に嫁いでいる。『公卿補任』天応二年「正四位下藤種継」の項に「参議正三位式部卿太宰帥宇合の孫、浄成の子也。母は従五位下秦朝元の女」とある。藤原種継といえば、のちにも述べる長岡京遷都の推進者として名高い人物である。その母親が秦朝元の娘だったのだ。

長岡京、そして平安京の造営と秦氏の関わりについては第六章で取りあげることとして、ここでは弁正、秦朝元の系譜が次代の新都造営につながるところまでを見通しておきたい。

山背国の開拓者

ここまで大化の改新から奈良時代、長岡京遷都前夜までの秦氏の動向を見てきた。このころから彼らは政治の表舞台から退いていったようにみえる。ただこの間、彼らは決して手をこまねいていたわけではなかった。七世紀後半から八世紀後半の約一世紀の間に、山背一国は着々と秦氏の領域と化していた。

もともと彼らの本拠地は山背国である。このことは前にも述べてきた。葛野郡の西、現在の桂から嵐山、嵯峨野一帯と、紀伊郡の深草一帯とが彼らの二大拠点地域であった。いわば京都盆地の西と東の麓に拠点を構えていたのである。これが七世紀後半ころまでの状況である。

それが以後、京都盆地の中央部や、東北部の鴨川上流の愛宕《おたぎ》郡出雲郷などにまで勢力を伸ばしていく。この地域にはもともと先住の中小豪族がいたらしい。そこへ新興勢力である秦氏が進出していったのだ。

『続日本紀』天平二十年（七四八）五月条には、

右大史正六位上秦老《おゆ》等一千二百余烟に伊美吉《いみき》の姓を賜ふ。

という記事がある。秦氏は、天武十四年六月に「忌寸」の姓を与えられているが、これに漏れた人々に、このとき伊美吉（忌寸）の姓を与えたのであろう。それにしても、千二百人という数は多い。数は力なり、と言うけれども、いくら政治の前面から退いたといっても、この数は無言の力を持っていたのではないだろうか。

宝亀七年（七七六）十二月条には、

山背国葛野郡人秦忌寸箕造《みつくり》等、九十七人に朝原《あさはら》忌寸。

という改姓の記事がある。朝原は北嵯峨の山間の地名であるが、これまで秦忌寸という名を名乗ってきた九十七人の人々に、新しく「朝原忌寸」という氏の名が与えられたのであった。

班田図の示すもの

平安京近辺の彼らの人口が群を抜いていたことは、次の史料からも確かめることができる。天長五年（八二八）に作成された「葛野郡班田図」である。この荘園絵図に示されているのは、平安遷都からまだ三十年余りしか経っていないころの今の嵐山の周辺一帯である。これまで長く分散して保管されてきたが、近年東京大学史料編纂所編『日本荘園絵図聚影』に収載され、その全貌が明らかになってきた。

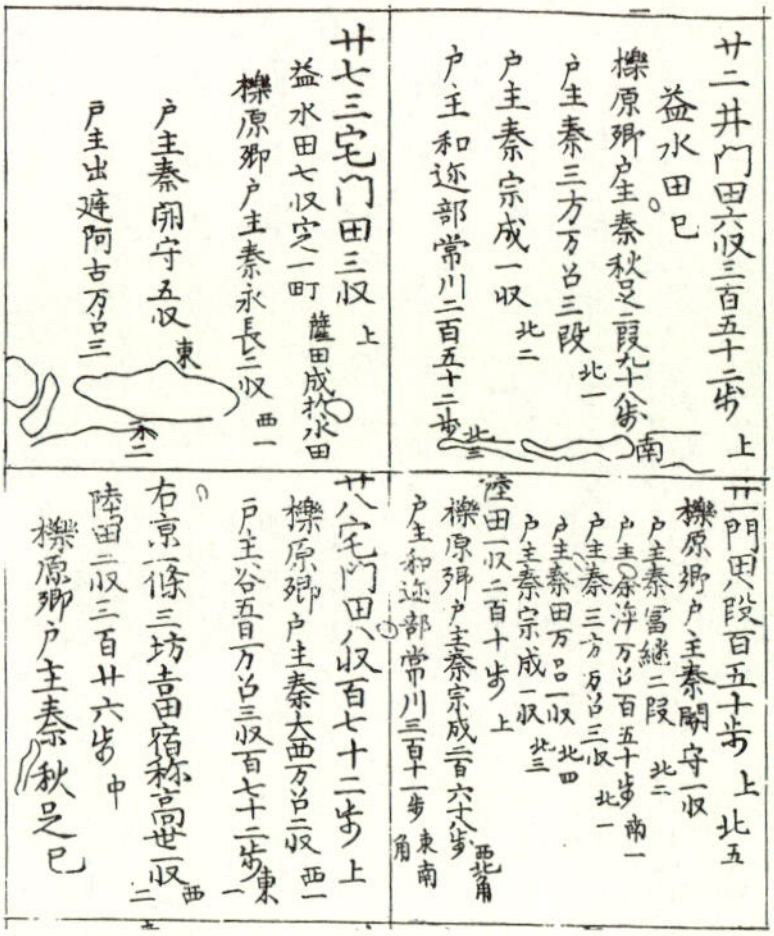

葛野郡班田図（部分　東京大学史料編纂所編『日本荘園絵図聚影』より）

そこには、秦氏の人物の名が最も多く記されている。井上満郎氏によれば、記載されている確認可能な人名百十四人のうち、秦氏が八十二人を占めている。私が読み取れた範囲で試みに拾っていくと、秦継守、秦永長、秦諸之、秦高野、秦三方、秦宗成、秦富継、秦浄万呂……。もちろん他姓の人もいる。和邇部吉成、和邇部福貴永、谷五日万呂、内蔵忌寸倉継などなど。これらは、今の嵐山付近に班田を与えられ、耕作していた人々の名前である。

すでに井上満郎氏が指摘していることだが、山背国には渡来系の豪族がたいへん多い。秦氏以外にも高句麗系の八坂氏、百済系の岡屋氏、高句麗系の大狛《おおこま》氏がいたし、このほか山背忌寸、粟田忌寸、呉原忌寸などの名前が奈良時代の山背国の計帳（戸籍の一種）にみえる。遷都以前の山背国は、秦氏の勢力が次第に拡大するとともに、その下《もと》で実にいろいろな渡来系豪族が集まり住む、渡来人のメッカともいうべき国だったようにみえる。

第五章　増殖する秦氏――摂津・播磨・豊前・若狭

猪名川流域の古墳

現在の町名が「畑《はた》」であるため、ここが秦氏ゆかりの地であるとは、一見気づきにくいかもしれない。しかし古代においてはここもれっきとした秦という地名であった。大阪府池田市の全域は、かつて秦上郷と秦下郷と呼ばれていた。

池田市は大阪の北郊、北摂と呼ばれる地域に当たる。南北に猪名《いな》川が流れ、古代にはその西側の流域を摂津国河辺郡、東側の流域を豊嶋《てしま》郡とよんだ。秦上郷と秦下郷はこの豊嶋郡に属する。

古代の豊嶋郡（地図のBの地域）に秦氏がいたことは次の史料で確認できる。天平神護三年の紀年をもつ正倉院文書（「造東大寺司移」）に、「豊嶋郡散位正八位上　秦忌寸豊穂」という名前がみえる。また、『続日本紀』神護景雲三年条に以下の記事がある。

猪名川流域の古墳と郷（高橋照彦「猪名川流域の古代氏族と勝福寺古墳」より）

摂津《つ》国豊嶋郡人正七位上　井手小足《おたり》等十五人に姓、秦井手忌寸を賜ふ。

これらからも、摂津国豊嶋郡に秦氏がいたことは間違いなく、それがこの秦上郷と秦下郷という郷名に現われていると考えてよいだろう。

以下、この地域の古墳をフィールドとされている大阪大学の福永伸哉教授の研究に基づき、略述していこう。

この地域には四世紀後半、池田茶臼山古墳、娯三堂古墳という二つの大きな古墳が築造されている。池田茶臼山古墳は、阪急電鉄池田駅から徒歩二十分くらいの今は団地の立ち並ぶ五月山の斜面にあった。古墳公園としてきれいに保存されている。

この墳丘に立って南の方を望み見ると、猪名川流域の北摂地域が眼下に見える。この地を治めた実力者にふさわしい墳墓だ。その後この地域では百年余り、大きな古墳がつくられなくなる。この空白の時期を経て、六世紀になって再び古墳の造営が活発化した。全長四十五メートルの二子塚古墳（前方後円墳）、大型の横穴式石室をもつ鉢塚古墳（円墳）などである。この百年余りの間にこの地の首長は新しい勢力に交代したのだろう。池田茶臼山古墳、娯三堂古墳は在地の豪族たちのものだろうが、二子塚古墳や鉢塚古墳は五世紀末ころに新しくこの地へ進出した新興勢力のものとみられている。それが秦氏であろう。

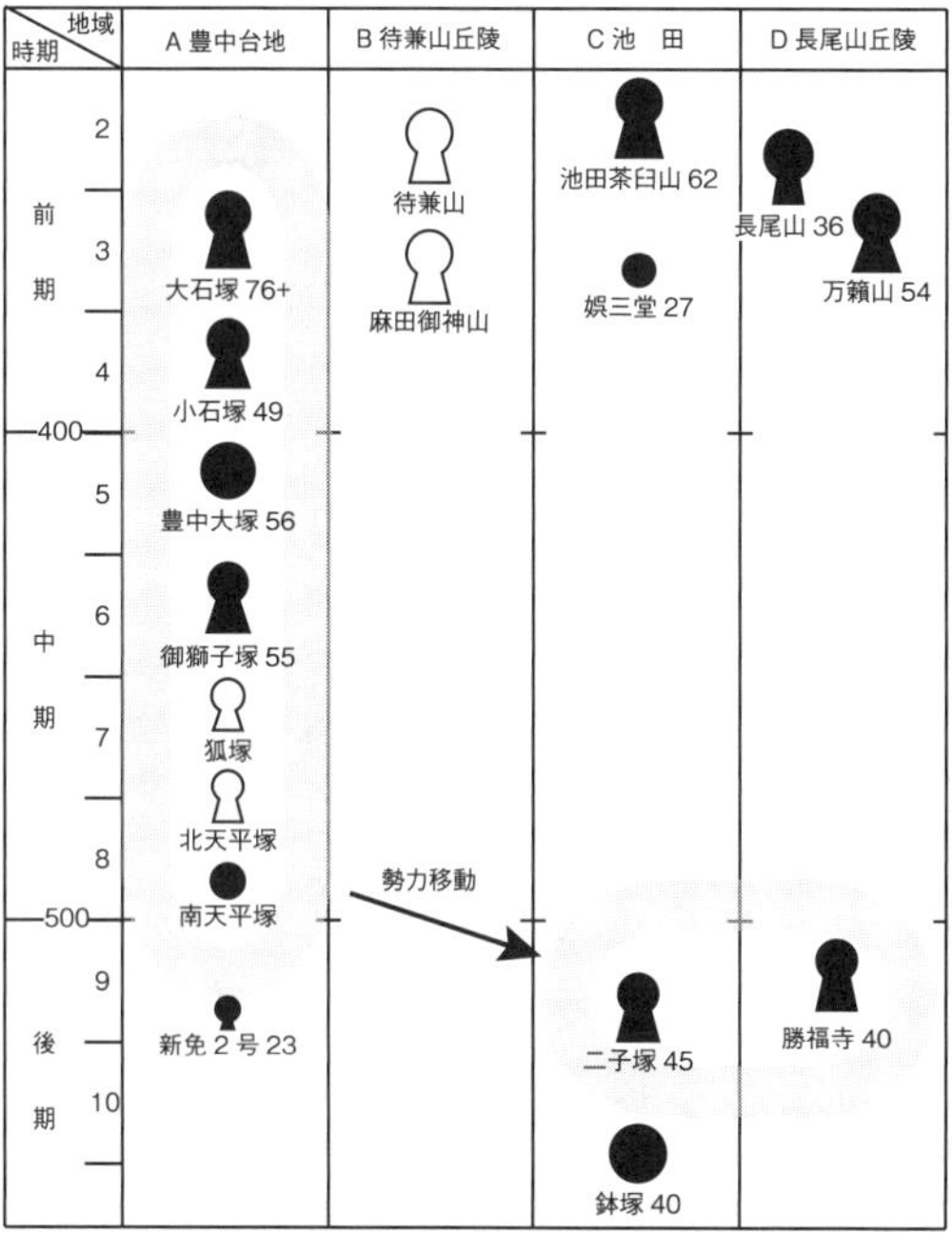

猪名川流域の古墳編年図（福永伸哉「畿内北部地域における前方後円墳の展開と消滅過程」より）

この新旧の勢力交代は、豊嶋郡に限ったことではなかった。猪名川流域全体にわたる勢力交代でもあった。天《てん》竺《じく》川と千里川に挟まれた豊中台地エリアの桜塚古墳群（一三九ページ地図のAの地域）と、伊丹から尼崎にまたがる猪名野古墳群（E）とは古墳時代中期（五世紀代）に隆盛を迎えた。しかし六世紀初めころになると、桜塚古墳群は急速に下火に向かい、代わって現在の池田市域（C）と、長尾山丘陵（D）で古墳の造営が復活を遂げる。池田市域では上述した二子塚古墳、鉢塚古墳、長尾山丘陵では勝福寺古墳が造られた。猪名川流域の盟主が明らかに交代したのだ。

交代する勢力

高橋照彦氏は、勝福寺古墳の被葬者を猪名公の祖とされる宣化天皇の子、火焔《ほのお》皇子あるいはその母の大河内稚子《わくご》媛《ひめ》に想定している。そして、猪名野古墳群（E）は大河内氏の墳墓であろうと推定している。

勝福寺古墳に関しては、継体天皇の出身地、滋賀県高島市の鴨稲荷山古墳出土のものと同じ、捩《ねじ》り環頭太刀が出土していること、尾張地方に特徴的な尾張型埴輪が発見されていること、当時新しいスタイルの埋葬施設であった畿内型横穴式石室が採用されていることなどから、継体天皇を支援した人物が葬られているのではないか、との議論がされている。そこから福永氏は、桜塚古墳群から池田市域と長尾山丘陵の古墳へという勢力交代は、「単なる地域内の争いというより、倭の中央政権内で展開する激しい主導権争いが波及した結果」であると考えている。

その通りだとすると、勝福寺古墳の造営主体である猪名公あるいは大河内氏と秦氏は、ともに継体天皇を支援する立場にあったということになるだろう。先に、山背国の桂から向日市域も秦氏の勢力圏であったことを述べた。向日市は継体天皇の弟国《おとくに》宮が置かれたところでもある。いまここで、猪名川流域の秦氏もまた継体の支援勢力であったとすれば、各地の秦氏が連携して継体を支援していた可能性も浮上するだろう。

とりわけ私が指摘したいのは、秦氏が勢力を扶植した池田市域は、四世紀中葉に娯三堂古墳が造られてから百数十年大きな古墳が造られていなかった地域だったということである。しばらく豪族が空白になった地域に、彼らは入植してきた。従来そこにいた勢力を駆逐して入ってきたわけではないのである。

これはこの地域の秦氏に限らず、山背の秦氏にも近江の秦氏にも共通する。彼らが入植した地域の多くは、しばらく豪族の空白地帯となっていたところが多い。すでに先住者がいたところでも、新来の秦氏が彼らと衝突したという伝承はほとんど聞かない。彼らの多くは、在来の豪族たちと衝突することなく、新天地に進出することができたのである。

水上交通と妙見信仰

池田市域の秦氏について、近年民俗学の視点を用いて迫っているのが、神戸女子大学で民俗学を学ばれた植野加代子氏である。氏は、『日本霊異記』などの分析から、畿内を中心に秦氏が水上交通の拠点としているところに、妙見菩薩の信仰が多く分布していると推論した。さらに植野氏は、秦氏が池田市域に拠点を得た理由について、その背後にある能勢の山林に注目し、以下のように考えた。

海や河川を航行する秦氏にとって、船材である杉の木を手に入れることのできる能勢《のせ》の地は欠かすことができなかった。さらに、伐採した木は猪名川を使って流すことができたのである。したがって、猪名川の上流・中流に秦氏が存在したのである。

さらにこう言う。

能勢の山中から船材である杉を伐採し、猪名川を使って材木を河口へと流し運搬したのであった。その中継地として摂津国豊嶋郡秦上郷・秦下郷を利用したため、そこに秦氏は拠点を置いたと考えられる。

渡来人である秦氏にすれば、船は欠くべからざる交通・運搬手段であったはずだ。このことをつい私たちは見忘れがちになるが、植野氏の推測は誠に鋭いものがある。とりわけ、秦氏が造営に力を尽くした長岡京や平安京には、こうした方式で能勢から材木が運ばれていたのかもしれない。

鉢塚古墳にて

五世紀末ころに造られたとされる鉢塚古墳は、池田市市街の住宅街の一角にある。先にも述べたように、秦氏族長の墳墓とみられている古墳だ。地図を片手に探し歩き、ようやくたどり着いた古墳は、五社神社のなかにあった。

本殿の右手から奥に入って古いドアのノブを何げなく引くと、目の前にこの古墳の石室が現われた。中は暗く、昼間だったが何があるのかほとんど見えない。深遠な古代の闇が口を開けて目の前にあるような気がした。しばらくして足もとにコンセントがあるのに気づいてプラグを差し込んだ。辺りが少し明るくなった。

恐る恐る石室の中に潜って見上げると、巨大な石の側壁や天井が、暗闇の中から浮かび上がった。摂津地方最大といわれる横穴式石室の内部は、大人が優に立てるだけの高さで、少しひんやりしている。しばらくすると、暗い中にも目が慣れ、薄気味悪さにも少し慣れてきたが、それでも天井石の水滴が落ちる音が響くのに何度かおどろかされた。古墳が古代人の墓であることを今さらながら実感させられた時間だった。

秦氏を名乗る世阿弥

古代最大の人口と分布をもつ秦氏である。その後裔を称する氏族も幅が広い。能楽の大成者、世阿弥が秦氏を名乗っているのは、『風姿花伝』を読めば知ることができる。

同書第三篇の末尾の奥書には、

　応永七年庚辰卯月十三日　従五位下　左衛門大夫秦元清《もときよ》署

とある。世阿弥の元の名は、

　秦元清

といった。

『風姿花伝』には、能楽の起源と沿革についての伝承が語られているが、それは『記・紀』や『新撰姓氏録』にはない独自の秦氏伝承でもある。

世阿弥は申楽《さるがく》(猿楽)の始まりを神代の天の岩戸神話に求めている。天照大御神が、岩戸に籠り、天下が常闇になったとき、八百万《やおよろず》の神たちが天の香具山に集まり、神楽を奏し、歌い舞い奏でた。それが申楽の始まりだというのである。

天竺においては、釈迦が説法を行うのを妨害した提婆達多に対し、六十六番の物まねをしてこれを静めたのが始まりとされている。

日本における始まりとして世阿弥が語るのは、欽明天皇の時代である。ここに秦河勝が現れる。

欽明天皇の御世に大和国の泊瀬《はつせ》河に洪水があった折、河上から一つの壺が流れ下ってきた。大神神社の鳥居の辺りで、貴人がこの壺を手に取り、中をご覧になったところ、柔和で玉の如き小さな子がいた。驚いた貴人は、天から降った人であるとして、天皇に奏上した。その夜、天皇の夢に、その小さな子が現れて、「我は大国秦始皇帝の生まれ変わりである。日本に縁があって、今ここに現われた」と云った。帝は奇徳なこととして、その子を朝廷に召された。成人するにしたがって、才智は人を越え、十五歳にて大臣の位に昇り、秦の姓を賜った。

上宮太子（聖徳太子）が、天下に少し障りがあった時、吉例に則って六十六番の物まねを秦河勝にお命じになり、同じく六十六番の面を作らせ、河勝にお与えになった。橘の内裏、紫宸殿にてこれを勤められた。天下は治まり、国は静かになった。聖徳太子は、後世のために、神楽の「神」という字の偏を除けて、旁を残された。これが暦の中であったから、申楽と名づけた。

『風姿花伝』は、「天下少し障りありし時」（疫病の流行や天候不順による不作などを指すのであろう）、聖徳太子が秦河勝に命じて行わせた「六十六番の物まね」が、「天下治まり、国静かなり」につながったと伝える。能楽の起源を、世の静謐を目的として、聖徳太子が秦河勝に命じたことに求める考え方がそこにみられる。いうまでもなく、『記・紀』にも『新撰姓氏録』にもない伝承だ。

芸能に長ける

『風姿花伝』にはその後、十世紀半ばの村上天皇の時代、天皇の意思によって「申楽をもて天下の御祈禱たるべし」として、当時、「河勝の芸を伝ふる遠孫、秦氏安《うじやす》」とその妹婿「紀権守《きのごんかみ》」の二人が選ばれ、「六十六番の申楽を紫宸殿にて仕《つかまつ》」ったという。以来、秦氏安から二十九代を経て当代の「金春《こんぱる》」に至るという。同じく氏安から伝えられた「聖徳太子御作の鬼面［河勝也］、春日の御神影・仏舎利、これ三つ、この家に伝ふる所なり」とある。

このようにみていくと、『風姿花伝』の能楽史観は、飛鳥時代の聖徳太子と秦河勝を実質的な創始者とし、村上天皇の御世の秦氏安と紀権守とを中興の祖とするような見方をもっていたといえるだろう。その根幹には、秦河勝から秦氏安、そして当代「金春」に至る秦氏代々の家芸として中楽を捉える考え方がある。

当代「金春」、そして世阿弥が本当に秦氏の末裔なのかどうかは、今は問うまい。重要なのは、彼らが申楽の創始者を秦河勝だと考えてきたこと、そして自分たちをその末裔だと信じたことである。

ただ、古代においては宮廷の鎮魂の儀式に歌舞を奉仕するのは猿女《さるめ》氏の役割であった。『古語拾遺』に、

　猿女君氏、神楽之事を供へまつる。

とある。

また大陸伝来の伎楽に関しては、『日本書紀』推古二十年に百済の人「味摩之《みまし》」が「帰化」し、

　呉に学びて、伎楽の儛を得たり。

と言ったとある。彼にその儛を習ったのが、真野首弟子《まののおびとでし》と新漢済文《いまきのあやのさいもん》、のちの大市首《おおいち》と辟田首《へきた》の祖であると伝える。

ではなぜ、いつごろから秦氏と歌舞芸能とが結びついたのか。判断は難しいところである。村上天皇によって抜擢され、「申楽をもて天下の御祈禱たるべし」と命令された「秦氏安」については、平安中期の『本朝文粋《もんずい》』巻第三に掲載されている「弁散楽」（村上天皇の散楽に関する策問）に返答した答案の著者に擬されている。しかし、実際はこの対策は藤原雅材が「散楽得業生秦氏安」の名義で記した文章であるという。その実在性に疑問を抱く見解もある。

河勝の最期

『風姿花伝』は、秦河勝の最期についても独自の伝承をもっている。

かの河勝、欽明・敏達・用明・崇峻・推古・上宮太子に仕へ奉り、この芸をば子孫に伝へ、化人《けにん》跡を留めぬによりて、摂津国難波浦より、うつぼ舟に乗りて、風に任せて西海に出づ。播磨国、越坂浦《しやくし》に着く。浦人舟を上げて見れば、形、人間に変はれり。諸人に憑き祟りて奇瑞をなす。即ち、神と崇めて、国豊かなり。大きに荒るると書きて、大荒大明神《おおさけ》と名附く。今の代に霊験あらたなり。本地、毘沙門天王にてまします。上宮太子、守屋の逆臣を平げ給ひし時も、かの河勝が神通方便の手にかかりて、守屋は失せぬと云々。

欽明・敏達・用明・崇峻・推古、そして聖徳太子に仕えた河勝は、猿楽の芸を子孫に伝えたあと、化人（秦の始皇帝の化身としてこの世に再誕した存在）であるからして、尋常な死を遂げることはなかった。神仙は屍《しかばね》を残さずにこの世を去るという尸解仙《しかいせん》と同じように、彼も人知れず姿を消したというのである。彼の乗ったうつぼ舟は、摂津国難波浦より風に任せて西海を漂い、播磨国越坂浦に漂着した。現在の赤穂市坂越《さこし》浦である。浦人が舟を上げてみると、もう人の形とは違っていた。秦河勝は神と化していたのであった。この神は、多くの人々に憑依し、祟りをなしたり、奇瑞をなしたりした。人々は神と崇め、おかげで国は豊かになった。この神を大荒大明神とよんだ。本地は毘沙門天だという。

坂越浦と生島（兵庫県赤穂市）

坂越の浦探訪

　JR神戸駅から西へ乗り継いで約一時間半、明石、加古川、姫路を過ぎ、播州赤穂のひとつ手前が坂越駅である。単線の小さな駅舎を出て人のいない通りを五分ほど歩くと、千種《ちぐさ》川という大きな川がある。そこにかかる坂越橋という鉄橋を渡って、さらに静かな町の中をしばらく歩くと、江戸時代のような古い屋敷や酒蔵が立ち並ぶ通りに出る。そこまで歩けば、もう少しで待ち望んだ海が見える。古くからの漁港として栄えた、坂越浦である。弧状に広がる広々とした海岸の目前には、小山を二つ並べたような島が浮かんでいる。生《いき》島という。ひょうたん島のようにもみえるこの島の禁足地に、秦河勝の墓があるというのだ。

　どうしてこういう伝承が出来たのか、生島を前にしても不思議でしようがない。港の脇の石段を上がっていくと、海岸を見下ろす小高い山中に大避《おおさけ》神社がある。その日は七月一日。茅の輪くぐりは前の日に行われたようで、宮司さんらしき人が一人で後片付けをされていた。

　この神社は、坂越の漁船の安全を祈る神社として発展した。境内には漁の安全と大漁を祈願する大きな額が掲げてあった。私が訪れたのは梅雨のころで、始めはわずかな雨が降るのみだったが、海岸に来たころから雨脚が強まりだした。傘のない私は、ずぶ濡れになりながら坂越の駅まで急いだ。

赤穂にも根拠地が

秦河勝の墓が播磨にある、と最初に聞いたのは、もう十年以上も前。ある研究会の席上で神戸女子大学の田中久夫先生からだった。そのころ既に『風姿花伝』は一読していたはずだったが、こうした伝承が書かれていたことも忘れてしまっていたし、単なる地元の口碑にすぎないと高を括っていた。

田中先生は、論文「秦河勝と播磨の坂越」において、赤穂こそ山背国に姿を現す前の秦氏の住所だったのではないかとし、『隋書』倭国伝に現われる「秦王国」も、赤穂郡のことではないか、と述べておられる。

ではなぜ赤穂に秦氏が住むようになったのか。田中氏は、彼らは黄金を求めて赤穂に住んだのだという。氏によれば、かつて坂越には大泊《おおどまり》鉱山があった（住友鉱山が掘り尽くして今は閉山となったそうだ）。また赤穂郡赤松村（現在の兵庫県上郡町皆坂《かいざか》）には、自然金を産出する鉱山があった。この金山の歴史がいつごろまで遡れるか、田中氏も認めるように不明ではあるが、他の史料も指摘しながら、氏は秦氏と鉱物資源との関わりを推測している。

秦河勝の遺体を乗せたうつぼ舟が播磨の坂越に到着し、ここで神となって大避神社に祀られたという『風姿花伝』の語る伝承は、世阿弥ひとりの創作なのであろうか。

たしかにこうした内容は、これ以前の書物には全くみえない。しかし、赤穂に秦氏がいたことは、古代の史料によって確認することができる。「播磨国赤穂郡大原□・五保秦酒虫赤米五斗」と記された木簡が、平城宮跡から発見されている。

また、『平安遺文』第一巻に収録されている延暦十二年二月二十九日付け「播磨国符案」、年月日不載「東大寺牒案」、延暦十二年四月十七日「赤穂郡坂越神戸両郷解」によれば、坂越郡内の墾生《はぶ》山（大墾生内山）と呼ばれる塩山の開発を、在地土豪の秦大炬《おおい》が行おうとしたことが知られる。他にも坂越郡の郡司に秦氏の人物が就いていたことを示す古文書も発見されており、この地に秦氏が有力豪族として存在したことは間違いなく確認できるのである。

大避神社と河勝

赤穂には、大避神社という名の神社が他にもたくさんあるそうだ。山背国葛野郡に、赤穂の大避神社と同じ名前の「大酒神社［元名大辟神］」という神社があることは第二章で述べた。赤穂と山背と、秦氏とゆかりの深い二つの地に、同じ名前の神社が鎮座する事実は偶然とは思えない。山背の「大酒神社」の「元名」とある「大辟」という神の名は、赤穂の「大避」と共通し、災いが外から入るのを防ぐ道祖神であることを示している。

『風姿花伝』は、秦河勝が死後、赤穂で神となり「大荒大明神」と呼ばれるようになったと伝える。しかし、実在の人物が死後神として祀られるようになるのは、御霊信仰が生まれる平安時代に入ってからである。赤穂の大避神社が秦氏とゆかりの深い神社であることは事実としても、これを秦河勝が変化した神としたのは明らかに後世の人の仕業とみなければならない。『風姿花伝』において世阿弥が初めて説いた造作なのか、それとも現地にあった伝承なのか、いずれかであろう。

河勝の墓としては、先に触れた河内国の秦氏のいた、現在の寝屋川市内にも伝承地があることも忘れてはいけない。

秦王国はどこか

『隋書』倭国伝に「秦王国」という不可思議な名の国が現れることは、第一章で述べた。この国は「竹斯国」（筑紫国）の東にあったとされる。あらためてこの国について考えてみたい。

都斯麻国を経る。逈かに大海の中に在り。又、東、一支国に至る。又、竹斯国に至る。又、東、秦王国に至る。その人、華夏と同じ。以て夷州とするも、疑い明らかにする能はず。又十余国を経て海岸に達す。竹斯国より以東、皆倭に附庸す。

「日出る処の天子、書を日没する処の天子に致す。恙無《つつがな》きや」で有名な国書が隋の煬帝に渡されたあの遣隋使を受けて、隋からは返礼の使者裴世清が倭に派遣された。その折りの旅程が『隋書』倭国伝に記されているのである。

一行は、「百済」、「竹島」、「躭羅国」（済州島）、「都斯麻国」（対馬）、「一支国」（壱岐）を経て、「竹斯国」（筑紫）に着いた。そこから東に「秦王国」があった。ここまでは通過した国々が逐一記録されているようである。だから「竹斯国」と「秦王国」も、ほとんど近接したところにあったのだろう。ただ、そこからは「十余国を経て海岸に達す」とあって、一気に旅程が省略されている。そして「海岸」から後の旅程は記されていない。「海

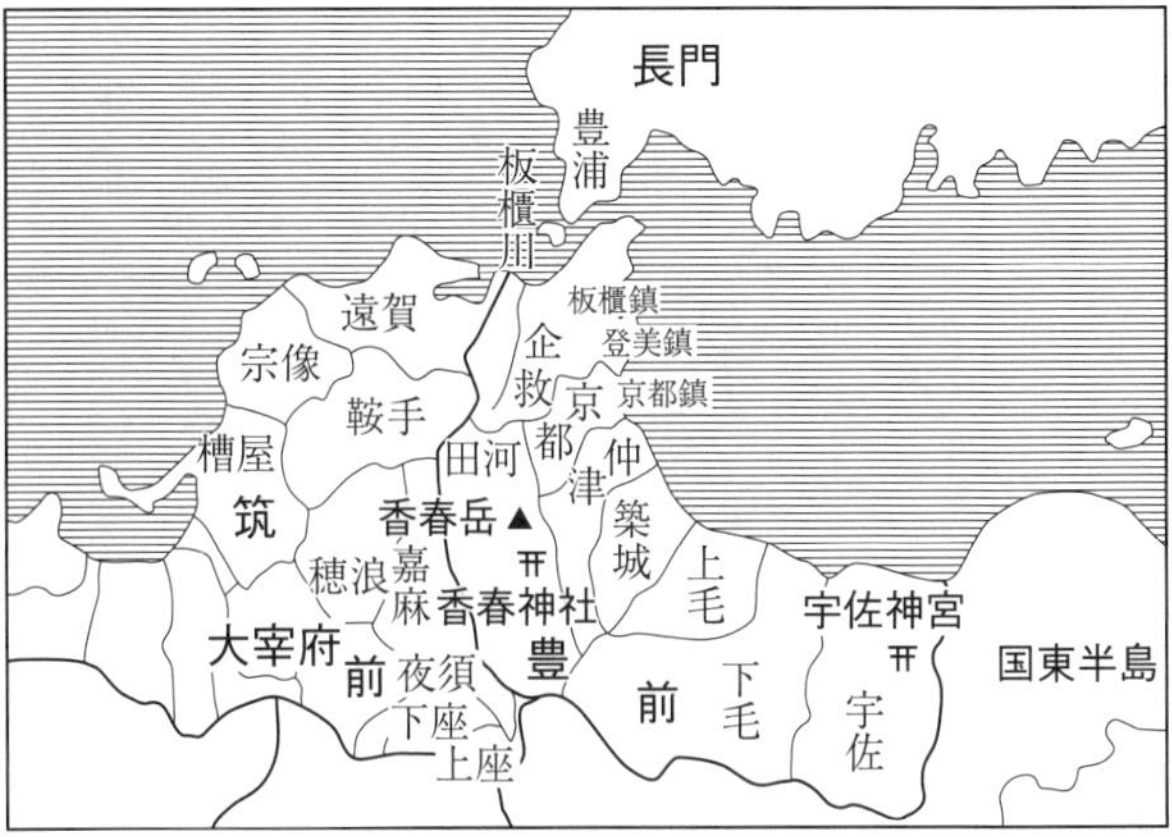

古代の豊前国（『新日本古典文学大系　続日本紀 3』岩波書店をもとに制作）

岸」まで来れば、都まではもう近かったから、そこから先は書く必要はなかったのだろう。

このことからすると、この「海岸」とは難波の泊とみることはできないだろうか。「秦王国」から「海岸」までの「十余国」というのは、瀬戸内海沿岸の諸国を指すのであろう。

では「秦王国」はどこにあったのか。「竹斯国」の東に近接したところといえば、豊前・豊後のあたりである。ここから船で「十余国」を経て、難波の「海岸」に達し、山を越えて大和盆地の都に入ったのであろう。

豊前・豊後の秦氏

豊前・豊後といえば、先にも述べたように秦氏の多く住むところであった。大宝二年（七〇二）の豊前国の三つの里の戸籍の一部が正倉院文書に残されている。このうち、秦部や勝姓を名乗る、秦氏関係の人名がどれくらい見られるのか。

A仲津郡丁里《よほろ》では総人数四百八十名のうち四百二名、B上毛郡塔里では総人数百二十九名のうち百二十名、C同郡加自久也里では総人数七十四名のうち五十四名が該当する。パーセントにすると、Aは八四パーセント、Bは九三パーセント、Cは七三パーセントの人口になる（日野昭氏の研究を参考にした）。現存の史料はごく限られたものではあるけれども、それにしてもこの高い割合には驚かされる。なかでもこの三里においては秦部を称する人名が特に多く、それぞれ約半数に達していた。

A仲津郡丁里は、現在の豊前市や京都郡《みやこ》、B上毛郡塔里は現在の福岡県築上郡上毛町《こうげ》、C加自久也里は現在の豊前市合河《ごうかわ》・岩屋付近と推定されている。これらの戸籍にみる秦氏関係者の濃密な分布は、豊前が「秦王国」だったのでは、という推測をより強めるものであろう。

銅山採掘

豊前国には、代表的な神社が二座ある。宇佐郡の宇佐八幡と、田川郡の辛国息長大姫大

香春岳（福岡県香春町）

目命神社とである。

田川郡の辛国息長大姫大目命神社は現在の香春《かわら》神社で、銅が産出されることで古来有名な香春岳の麓にある。一の岳、二の岳、三の岳と呼ばれる三つの峯が連なる石灰岩層のこの山には、今もセメント工場があり、削られた岩肌が露呈している。その麓の石段を上がりきったところに、香春神社の山門が待っていた。汗を拭いながら門をくぐると、人の気配を察した二、三の物影が、物凄い勢いで山の方へ去っていくのが目の端に入った。猪の親子らしかった。

『豊前国風土記』逸文にこの神社の記述がある。

昔者《むかし》、新羅国の神、自ら度《わた》り到来《きた》りて、

この河原に住む。便《すなわ》ち名を鹿春《かはる》の神と云ふ。又、郷の北に峰有り。頂きに沼有り。
［周り三十六歩計り］。黄楊《つげ》の樹生ひたり。又竜骨有り。第二峰、銅《あかがね》また黄楊の竜骨等有り。

（昔、新羅国の神が自ら渡来してこの河原に住んだ。名を鹿春の神と云う。又、この郷（香春郷）の北に峰がある。頂上に沼がある。［周囲は三十六歩計りである］。黄楊《つげ》の樹が生えている。又、竜骨（石灰）がある。第二峰からは、銅を産し、柘植、第三の峯にもまた竜骨がある）

竜骨とはここでは石灰を指す。古代からここで石灰や銅が産出されていたことが知られる。新羅から渡来したというこの神は、赤染氏という渡来系豪族を神主として祀られていた。平野邦雄氏は、この氏を秦氏と密接な関係をもつ豪族とみている。

香春岳は、先に触れた仲津郡丁里、上毛郡塔里・加自久也里とも近い距離にある。秦氏が濃密に分布するこの地域で、この銅山が、秦氏と離れて経営されていたとはとうてい考えられない。同じ豊前国田川郡には、桑原屯倉と我鹿《あか》屯倉という二つの屯倉があった。加藤謙吉氏は、山林深いこの地域でこの二つの屯倉が農業生産が目的で置かれたとは考えにくいとし、銅生産を目的として、秦系集団の関与の下で設置された屯倉ではなかったか、

宇佐神宮（大分県宇佐市）

と推定している。

豊前だけではあるまい。古来、山陽道には銅産地として知られるところが多いが、山陽道は秦氏の勢力が各地に伸長している地域でもある。多くの学者たちが、各地の秦氏と銅産との関わりを推測している。

宇佐神宮と香春の神

香春神社へ出るにはＪＲ小倉駅から南へ行く単線の日田彦山線に乗らなければならない。小倉から一時間かけて香春駅まで行き、香春神社を訪れたあと、同じ日田彦山線で小倉に戻った。小倉から次に乗ったのは日豊本線。海沿いに東南に向い、大分へ行く路線である。「秦王国」と目される現在の行橋《ゆくはし》市のあたりを列車は過ぎ、宇佐へ向かった。

降りてみると宇佐の駅前も至って静かなところで、バスの本数も極端に少ない。仕方なくタクシーで宇佐神宮まで向かった。着いてみると、さすがに九州を代表する大社である。神域も広大で、参拝客もたくさんおられた。ただ、参拝客の多くは団体バスで訪れる人で、私のように電車やバスで来る人は珍しいようだった。

残暑の一日、小倉を出発して香春神社と宇佐八幡を一日で回った。実は宇佐八幡の原型が香春の神であるという有力な説があるのである。

逵《つじ》日出典氏によれば、香春の神を奉斎した新羅系の渡来系集団が、その神と共に東進し、宇佐郡に定着したという。これが辛嶋《からしま》氏という秦氏系の渡来豪族であった。彼らが宇佐に遷した香春の神がヤハタの神となり、道教と仏教、さらに宇佐の神体山信仰が取り入れられた。また大和から宇佐に入った大神《おおみわ》氏によって、新しく応神天皇の霊が付与された。こうして特異な宗教的風土が形成され、八幡神が成立したという。この神は、辛嶋氏と大神氏との合同祭祀によって祀られた、と逵氏は考えている。

八幡神の成立には、辛嶋氏と大神氏のほか在地の豪族宇佐君も深く関わっているとみられる。これに大仏造立への協力、道鏡即位を勧める神託事件などが加わり、政治的な関わりの深い八幡神の性格が強まっていく。聖武天皇が大仏造立に情熱を傾けていた時、八幡神は託宣を下した。

我、天神地祇を率い誘ひて、必ず成し奉らん。事立つにあらず。銅の湯を水に成し、我が身を草木土に交へて障ること無く為さんと。

ここにも香春岳で産出される銅のことが謳われている。銅生産に従事した豊前の秦氏と八幡神との関わりが現れているのである。

越前と若狭の屯倉

秦氏は日本海・北陸地方にも多く分布している。とりわけ重要なのが越前国敦賀郡・坂井郡と若狭国とである。いずれも平城宮や長岡宮から発掘された木簡に名前がみられる。加藤謙吉氏は、これらの地域で塩が産出される点に注目している。敦賀にも若狭にも屯倉が設けられているが、いずれも塩の保管と中央への貢進を目的とした屯倉で、秦氏の製塩技術が動員されたのだろう、と考察した。

とりわけ秦氏の集住が確認できるのが若狭国である。若狭国は志摩国とともに御食国《みけつくに》、つまり天皇の食糧となる様々な海の幸を貢ぐ国として尊重された。両国とも郡は二つ。志摩国は答志郡と英虞《あご》郡、若狭国も遠敷《おにゅう》郡と三方郡しかない。こうした国は、他には島国である淡路国と壱岐国・対馬国だけである。地理的には若狭は越前、志摩は伊勢に含めてもいいようにも思うが、この二国は天皇の食を提供する御食国として尊重され独立を保ってきた。

こうした若狭国の役割を中心的に担ってきたのが、当地の国造を務めたと考えられる膳《かしわでの》臣である。『国造本紀』は、「若狭国造」を、

遠飛鳥朝の御代（允恭朝）、膳臣の祖佐白米《さしろめ》命の児荒礪《あらと》命を国造に定め賜ふ。

と記す。

『高橋氏文』にも膳臣の祖「六雁《むつかり》命」に対して、天皇から

和加佐乃国は、六雁命に長く子孫等が遠き世の国家とせよ、と定めて授け賜ひてき

とある。ただ膳臣といっても、若狭にいたのは本流ではなく、同氏の傍流に相当する者であろう。遠敷郡の首長墳の多くは彼らのものであろうと推測されている。秦氏はその配下にあって、塩の生産や海産物の加工・保管・運搬などにあたっていたのだろう。

若狭から中世には九里半街道ともいわれた若狭街道をゆくと、近江の湖西、高島郡に出る。この道は古代からさかんにとられたルートだった。『古事記』仲哀天皇段は、建内宿

禰と幼い応神天皇が越前国敦賀の気比神宮に参拝する折、「淡海及び若狭国を経歴して」到着したと記す。事実かどうかは別として、このルートを指していることは、明らかだ。今でも湖西線近江今津駅前から一時間に一本、小浜行きのバスが出ていて、これに乗ると終点小浜までちょうど一時間で着く。かつて近江や京都まで鯖が運ばれたほとんど山道ばかりの街道である。その中ほど、古い街並みを残す熊川の宿でいったんバスを下車し、散策した。次のバスが来るまで一時間、いささか退屈はしたけれども、ここの食堂でいただいた鯖寿司は誠に美味だった。

第六章　長岡京・平安京建都の功労者

あいつぐ遷都

七八四年の長岡京遷都、十年後の平安京遷都に際し、秦氏が隠然たる影響力を及ぼしたことは、一九一五年に書かれた喜田貞吉『帝都』より指摘されてきたことである。

これまで、秦氏は遷都の「黒幕」であるとか、「経済的支援者」といった表現がなされてきた。多くの史家が認めるように、たしかに秦氏の支援がなければ山背国の二つの都――長岡京、平安京――への遷都は実現しなかったであろう。この章ではこの二つの都の造営に秦氏が担った役割をみていきたい。

七七〇年に、称徳（孝謙）女帝が崩御すると、その寵愛を受けた道鏡は失脚し、下野国《しもつけ》に追放された。代わって皇位に擁立されたのが、六十二歳の老皇族白壁王《しらかべ》であった。光仁天皇である。光仁天皇はほぼ十年皇位を守り、病を得て七八一年に息子の山部親王《やまべ》（桓武天皇）に譲位し、間もなく崩じた。この桓武天皇が、即位四年目の七八四年にまず長岡京への遷都を決め、断行するのである。

長岡京の造営

この間の経緯を『続日本紀』の記事からもう少し詳しく説明しよう。延暦三年（七八四）五月十六日、天皇は藤原朝臣小黒麻呂《おぐろまろ》、藤原朝臣種継《たねつぐ》ら八人を山背国に遣した。目的は、

乙訓郡長岡村之地を相《み》せしむ。都を遷さんがためなり。

とある。

六月十日には、藤原朝臣種継ら十人を「造長岡宮使」に任命した。ここにおいて

都城を経始し、宮殿を営作せしむ。

とある。六月十三日、紀朝臣船守《ふなもり》を「賀茂大神社」に遣し、幣《みてぐら》を奉った。目的は、

遷都之由を告げるを以てなり。

という。

十一月十一日、天皇は長岡宮にいよいよ「移幸《みゆき》」した。

十二月十八日、

山背国葛野郡人外正八位下秦忌寸足長《たりなが》、宮城を築きて従五位上を授けらる。

とある。

年が明けて、延暦四年（七八五）、五月には、山背国の農民への田租を免除する旨が発表された。

八月二十三日には、

従七位上大秦公忌寸宅守《やかもり》に従五位下を授く。太政官院の垣を築けるを以てなり。

とある。

その後、事件が起きる。九月二十三日、

中納言正三位兼式部卿藤原朝臣種継、賊に射被《いら》れて薨《こう》ず。

新都造営の中心的な役割を担ってきた「造長岡宮使長官」藤原種継が何者かによって射殺されたのである。新都造営の進行状況を視察しているところを、何者かの放った矢に射られて絶命した。

延暦七年（七八八）の詔では、

宮室未だ就《な》らず、興作稍多し。徴発の苦、頗る百姓に有り。

長岡京・大極殿跡

とある。それでも延暦十年九月には、平城宮の諸門を長岡宮に移築するよう命じているので、造営事業は進行していたし、桓武も長岡京に居続けた。

平安遷都

にもかかわらず、延暦十二年（七九三）に、いきなり天皇は葛野郡への遷都を宣言するのである。

この年の正月、「山背国葛野郡宇太村」の視察が行われた。その六日後には長岡京の解体工事が計画されている。その素早さには驚かされる。三月に、新京予定地を桓武が自ら巡覧し、いよいよ造都が開始される。

九月には宅地班給が開始された。

明けて延暦十三年（七九四）には造営が着々と進み、十月十二日に桓武は新京に行幸し、「遷都の詔」を発布した。そして翌月にはそれまでの山背国を山城国に改称、新京を平安京と命名した。

平城京を廃して長岡京遷都を進め、さらに転じて平安京に遷都した、この矢継ぎ早の遷都への情熱はどこから来るのだろうか。そこまで桓武が情熱を注いだ長岡京・平安京遷都の動機は何だったのか。そしてなぜ長岡京は廃せられ、平安京は千二百年の都として永続したのか。このことに秦氏はどのように関わっているのか。謎は多い。

天命思想と桓武天皇

桓武が長岡京・平安京と相次いで遷都を図った動機のひとつに、彼が自らの即位を天命による革命と捉えていたことが挙げられる。この点を最初に指摘したのは、滝川政次郎氏で、その後、林睦朗氏、最近では清水みき氏も詳しく論じている。

壬申の乱以来、天武、持統、文武に始まり聖武と継承されてきた天武系の皇統が、独身

平安京の酒造所跡

の女帝孝謙（称徳）を以って継承者を失った後、皇統は天智の孫の光仁天皇に移った。光仁天皇は、もともと聖武の娘井上内親王の夫であった。夫の即位によって井上内親王は皇后となり、息子の他戸《おさべ》親王は皇太子となった。親王は聖武天皇の孫にあたるから、父方は天智系に移っても、母方では前皇統の血は残ることになる。おそらくそういう見地からの人選であった。

しかし立太子した一年余り後の宝亀三年、突如として井上内親王は皇后の地位を、他戸親王は皇太子の地位を剝奪され、巫蠱《ふこ》の罪で逮捕された。天皇を呪詛したという罪である。この母子は監禁され、三年後同時に亡くなった。この凄惨な権力争いの中から現れ出、代わって皇太子に選ばれたのが山部親王、のちの桓武天皇である。このとき三十七歳。母は、高野新笠《たかののにいがさ》という渡来系豪族の娘である。

桓武は、父光仁天皇が即位するまでは、将来の即位など全く予想されたこともなかった皇族であった。渡来系豪族の娘を母にもつことも、やはりハンデであったであろう。即位当初においては、カリスマ性といった点では遜色のあることは否めなかった。そこで彼は、河内国交野《かたの》で郊天祭祀という中国の即位儀礼を行なうなど、中国風の皇帝像に自らを重ね合わせた。彼は自らの即位を「革命」に類するものと捉えたのだった。天武系の皇統が都とした平城京を棄てて、新しい都を築こうとしたのも、天智系の新しい王朝に新しい都を、と考えたからに違いない。

ソフトとハードの役割

それにしても、なぜ他ならぬ長岡であり葛野《かどの》（のちの平安京）だったのか。この点の解明が必要だ。

長岡京造営構想の中枢に参画したのは藤原種継のほか、藤原小黒麻呂、佐伯宿禰今毛人《いまえみし》、紀船守などであった。具体的に建設事業を推進したのは、長岡京の「宮城を築」いた功績

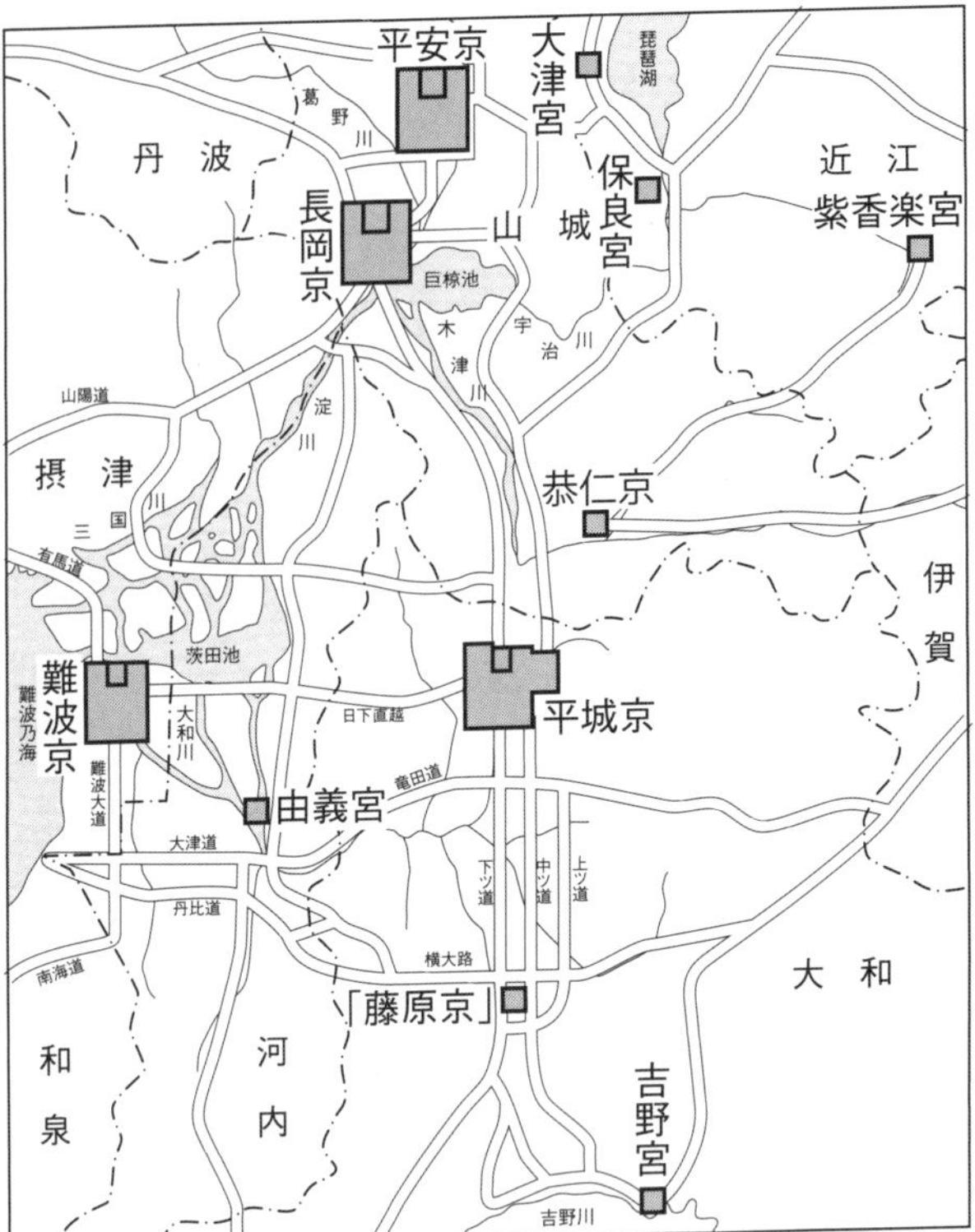

古代の宮都（高橋美久二「畿内の交通」より）

で外正八位下から従五位上へ異例の昇進を遂げた「秦忌寸足長」、「太政官院の垣を築」いた功績で従七位上から従五位下へ一気に昇進した「大秦公忌寸宅守」、「造宮大工」に選ばれたのが「物部多芸連《たぎのむらじ》建麻呂《たけまろ》」、同じく「少工」に選ばれたのが「秦忌寸都岐麻呂《つきまろ》」らであった。現場の人々のなかで目につくのは、やはり秦氏なのである。

とりわけ長岡京の「宮城を築いた」という秦忌寸足長は、延暦三年十二月の記事では「山背国葛野郡人外正八位下秦忌寸足長、宮城を築いて従五位上を授けらる」とあり、翌年十月の記事には「主計頭《しゆけいのかみ》」に任じられている。「主計頭」とは、中央財政の収支を計算し、予算の策定にも関わる財務官僚である。とりわけ新都建設の財源に関与していた可能性が高いだろう。

この彼について、初出の延暦三年十二月の記事では、

山背国葛野郡人外正八位下秦忌寸足長

とある。この人物は、かろうじて「外正八位下」というほとんど一番下に近い位階を与えられているものの、「山背国葛野郡人」とあるだけだから、官職には就いていないようである。これまでほとんど民間人だった可能性が高いだろう。そうした人物が、いきなり従五位上に抜擢され、「宮城を築く」仕事と「主計頭」とを任されたのだ。この人材の豊

富さに、私は秦氏の懐の大きさを感じる。

長岡京の築かれた乙訓郡は、もともと秦氏の根拠地であった。彼らの本拠地の太秦・嵯峨野・桂一帯から数キロ南に降りたあたりの現在の向日市周辺は、秦物集《もずめ》氏という名の秦氏の枝氏がいたところでもある。ここに物集女車塚古墳という六世紀前半から半ば近くの前方後円墳（全長四十三～四十八メートル）がある。継体天皇とのゆかりが議論されている古墳であるが、以前から秦氏の有力者を葬った古墳ではないかとの声がある。桓武はこういう土地へ都を遷そうと企てたのであった。

長官の「野望」

当時、桓武の意を受けて遷都事業を推進していたのが、「造長岡宮使長官」藤原種継である。その彼が秦朝元の娘婿にあたることは第四章の末尾に述べた。桓武の立太子を推進したのは藤原百川《ももかわ》だったが、彼亡き後、桓武の側近の役割を引き継いだのがその甥にあたる種継であった。

喜田貞吉は、長岡京遷都は種継の計画によるものであると考える。財政困難な状況にあって種継がこの遷都を計画したのは、姻族秦氏の財力によって自らの主導で遷都を断行することで、競合する大伴氏・佐伯氏を出し抜き、権勢を固めようとしたというのだ。また、この遷都によって、種継だけでなく、その資金を提供した秦氏もまた、有形無形の利益を得るという黙契があったに相違ない、とも言っている。

喜田によれば、藤原種継は長岡京に都を誘致することによって、自らの権勢を確立し、外祖父にあたる秦氏やその他の渡来系豪族と結託して、利権を共有しようと図っていたかのようである。

右の理解は、今読むと種継の思惑を重視するあまり、桓武の主体性を軽視しているようにみえる。遷都はまず何よりも桓武自身の強い意志があって初めて実現したことを忘れてはならないだろう。藤原種継や彼と結んだ秦氏などの後押しがあったのは事実としても、これを過大に評価するのは危険だ。

その後の研究では、桓武が長岡京を断念した理由としては、種継暗殺事件に関与した疑いで自殺に追いこまれた、弟で皇太子の早良《さわら》親王の怨霊に悩まされたこと（当時、桓武の妻や子、生母に病気や死が相次いだ）、延暦十一年に二度起きた大洪水の痛手、長岡京工事の遅れなどが指摘されている。ひとつには絞り切れないが、これらの理由が複合して桓武の決断に至ったのだろう。

藤原氏との姻戚関係

長岡京廃都を決断した桓武は、すぐに平安京遷都を企てた。あくまで彼は山背にこだわるのである。ここでも地元の最有力勢力は秦氏であり、彼らの全面的な協力が必要であった。平安京の造宮職の長官を務めたのは、藤原不比等の曾孫、房前《ふささき》の孫に当たる正三位大納言藤原小黒麻呂という人物であった。造宮に至る最も早い段階の延暦十二年に、「山城国葛野郡宇太村」を視察したのが彼であった。この小黒麻呂もまた、秦氏と姻戚関係にある。

『公卿補《くぎょうぶ》任《にん》』延暦二十五年条は、小黒麻呂の子ども藤原葛野麻呂について以下のように記す。

　故大納言小黒麻呂の一男、従五位下鳥養《とりかい》の孫なり。母は従四位下秦嶋麿の女

とある。図示すれば、以下のようになろう。

秦嶋麻呂（秦嶋麿）―女
　　　　　　　　　║―葛野麻呂
藤原不比等―房前―鳥養―小黒麻呂

藤原小黒麻呂は、秦嶋麻呂の娘婿なのであった。「造長岡宮使長官」の藤原種継が秦朝元の娘婿であったのと同じく、平安京の造宮職の長官も秦氏の娘婿なのだった。葛野麻呂という小黒麻呂の子どもの名前は、母の実家のある葛野で生まれ育ったことにちなむものであろう。

藤原氏と秦氏の婚姻――、当時の観念からすれば釣り合わない婚姻のように思われるが、秦氏を外戚とする種継と小黒麻呂がそろって桓武によって抜擢され、長岡京と平安京の造営の重要な任務を任されたのだった。この人選は決して偶然ではないだろう。要するに、藤原氏の中で地元の有力者秦氏と姻戚関係のある者、強力なコネクションのある者が特に選ばれて山背遷都事業の要職についた、ということなのだ。逆にいえば、長岡京・平安京造営の領導は秦氏とコネクションのある人物でなければ務まらなかった、ということもいえるだろう。

いずれにせよ、桓武の強力な指導の下、秦氏と藤原氏の連携によって長岡京、そして平安京の造営は進められていった。そしてこの二つの都は、そもそも共に秦氏の開発したところであった。

紫宸殿（京都御所）

大内裏は河勝邸跡か

この平安京の大内裏（平安宮）のあったところが、もとは秦河勝の邸宅のあったところである、という伝承がある。十世紀中ごろに在位した村上天皇の日記が「拾芥抄」という書物に引用されている。そこにこのような文章がある。

或る記に曰く、大内裏は秦ノ川勝の宅。橘は本ノ大夫ノ宅、南殿の前殿の橘樹、旧跡に依りてこれを殖う。［天暦御記《てんりやくぎよき》に見ゆ］桜樹は本は是梅なり。桓武天皇遷都の日、殖ゑらるる所なり。

平安京の大内裏は、もとは秦河勝の邸宅があったところに建てられたもので、紫宸殿の左近の桜と右近の橘も、もとは秦河勝の邸宅にあったものだという内容である。平安遷都から約百五十年後の記述とはいえ、「天暦御記」という村上天皇の書いた日記にこう記されていたのである。なおざりにはできない伝承だ。その真偽のほどはわからないけれども、たしかに平安宮の置かれた葛野郡は、秦氏の本拠地にあたる。こういう伝承が語られる根拠は十分にある。

桓武＝山背出生説

桓武が長岡京造営を断念したあとも山背にこだわった理由については様々な見解があるが、そのなかに桓武自身が山背で生まれ育ったからだ、という説がある（村尾次郎）。具体的には、彼の母高野新笠《たかののにいがさ》（もとの名は和《やまと》新笠）が、山背国の乙訓郡で生まれ、ここで桓武を産み育てたのではないか、というのである。高野新笠の母は、大枝朝臣真妹《まいも》という女性である。この大枝朝臣という名前は桓武によって追尊されたもので、もとの名は土師朝臣であった。土師氏はもともと朝廷の葬儀や祭祀用の土器の製作を担当した豪族だったが、延暦九年になって菅原・大枝・秋篠の三氏に分立した。このうち桓武の外祖母の出身である大枝氏という名前は、山背国乙訓郡大江郷、現在の京都市西京区大枝に因んでいる。それは、彼ら一族がここに定着していたからに違いない、とこの説では考える。となると、高野新笠も母のもとで育てられ、ここで桓武を産んだ可能性が出てくる。

ただ近年では、土師氏が大枝氏を名乗るようになったのは、彼らが山背国乙訓郡大江郷に住んでいたからではなく、高野新笠の墓が大江郷に造られたことに因んでのことである、という見解が唱えられている。たしかに彼女の墓は、山背国乙訓郡大江郷、現在の京都市西京区大枝に営まれている。その地名に因んで、大枝氏という名前になったとすると、桓武の母が山背国の乙訓郡で生まれたという根拠は消えてしまう。桓武＝山背国出身説は、根拠不十分といわざるをえないだろう。

桓武と秦氏の女性たち

ただ即位する以前から、桓武が山背国と結びつきがあったことは次の史料からも確認できる。それは、『類聚国史』一八七、延暦十一年正月条の記事で、このとき施暁という名の僧侶が山背国に住む三十一人の百姓の得度の許可を願い出たのである。

　山背国の百姓秦忌寸刀自女《とじめ》ら三十一人、倶に請願を発し、聖朝の御為に去る宝亀三年より今年まで、毎年春秋に悔過修福《けかしゆうぶく》す。その精誠を顧みるに、実に随喜すべし。

「聖朝」とは当代の天皇を意味する言葉で、ここでは桓武天皇を指す。「悔過修福」とは奈良時代から平安時代に盛んに行われた、過去の罪業を懺悔し福を積むための仏事である。

「山背国の百姓秦忌寸刀自女ら三十一人」が、桓武天皇のために宝亀三年より延暦十一年まで実に二十年間にわたり、毎年春と秋とにこの法要を修めてきたというのである。

宝亀三年といえば、まだ桓武は即位する以前の皇子の時代である。ちょうどこの年の五月、光仁天皇を呪詛したという巫蠱の罪で、他戸親王は皇太子の地位を剝奪され、その母の井上内親王も皇后の地位を失った。翌年、代わって皇太子に選ばれたのが、山部親王だった。その前年から「山背国の百姓秦忌寸刀自女ら三十一人」の桓武のための「悔過修福」法会が始まるのだ。

「山背国の百姓秦忌寸刀自女ら三十一人」とあるから、名前の出ていない三十人も全員女性と考えてよかろう。彼女らは桓武のために一体何を祈っていたのだろう。彼が皇太子となり、やがて即位する日が来るのを祈っていたのだろうか。そもそも桓武と彼女らの間にどういう縁があったのだろう。容易には想像できないけれども、桓武と秦氏を中心とする民間の女性たちとの間に何らかの交流があり、彼女らは桓武の将来に夢をつないでいたのであった。

天皇と渡来系豪族との蜜月

桓武朝という時代は、渡来系豪族が異例の抜擢・寵愛を受けた時代であった。この点、日本の歴史のなかでも特異な時代といえる。桓武の外戚和氏や百済王氏、坂上氏らといった渡来系豪族が、桓武朝の朝廷で異例の昇進を遂げた。

例えば、母方のいとこにあたる和家麻呂《やまとのいえまろ》は延暦十五年に渡来系豪族として初の参議に列せられ、同二十三年には中納言まで上った。征夷大将軍として蝦夷鎮圧に功のあった坂上田村麻呂も倭漢氏の出身だが、延暦二十四年に参議に昇進している。また『続日本紀』の編者の一人としても知られる菅野真《ま》道《みち》は、もとは津連という渡来系豪族だが、彼は参議従三位まで昇進した。いずれも従来なら考えられないことである。

白村江の敗戦時、百済から亡命してきた百済王族の後裔である百済王《くだらのこにきし》氏もまた、桓武朝に重用された。とりわけ後宮の重職「尚侍《ないしのかみ》」を務めた百済王明信《みようしん》という女性（藤原継縄の妻）を桓武は「寵渥」し、信任した。この氏から桓武の后妃が三人も選ばれているのはこのことと関わりがあろう。

ちなみに桓武ほど多くの渡来系豪族出身の女性を娶った天皇も珍らしい。彼には全部で二十七人の后妃がいたが、このうち皇族は一人、藤原氏は十人、橘氏は三人、それ以外の日本人系の豪族から七人いた。一方、渡来系豪族では、百済王氏が三人、坂上氏（もとの倭漢氏）が二人、百済氏が一人となる。全部で六人に上る。彼はどうしてこんなに多くの渡来人豪族の娘を娶ったのか（ただそのなかに秦氏はいない）。

「百済王等は朕が外戚なり」

延暦九年二月、百済王氏から三人の位階を昇進させたときの詔にこうある。

　詔して曰く、百済王等は朕が外戚なり。今、所以一両人を擢てて爵位を加え授くるなり。

桓武は、この三人を昇進させたのは自分の外戚であるからだ、とはっきり表明した。渡来系豪族であることなどは、ハンデではない。何よりも桓武自身の血に渡来系のそれが入っているのだ。彼がそれまでとは違う価値観・民族観をもっていたことは明らかだろう。

延暦八年十二月というから、まだ桓武が長岡京遷都をあきらめる前である。母高野新笠が亡くなった。その死を伝える『続日本紀』の記事は、彼女の出身の高野朝臣の祖を、

　百済武寧王之子、純陁太子。

と伝える。そして、

　百済の遠祖都慕王は、河伯の女が日の精に感じて生めるところなり。皇太后は即ちそ

の後なり。

という。百済王族の後裔だというのである。

先にも述べたように、高野朝臣という氏の名は、彼女の死後、桓武から与えられたもので、もとは和史《やまとのふひと》といった。これ以前の記録には見ることの少ない氏族である。渡来系であることは事実であっても、本当に百済王族の後裔なのかどうか疑う見解もある。

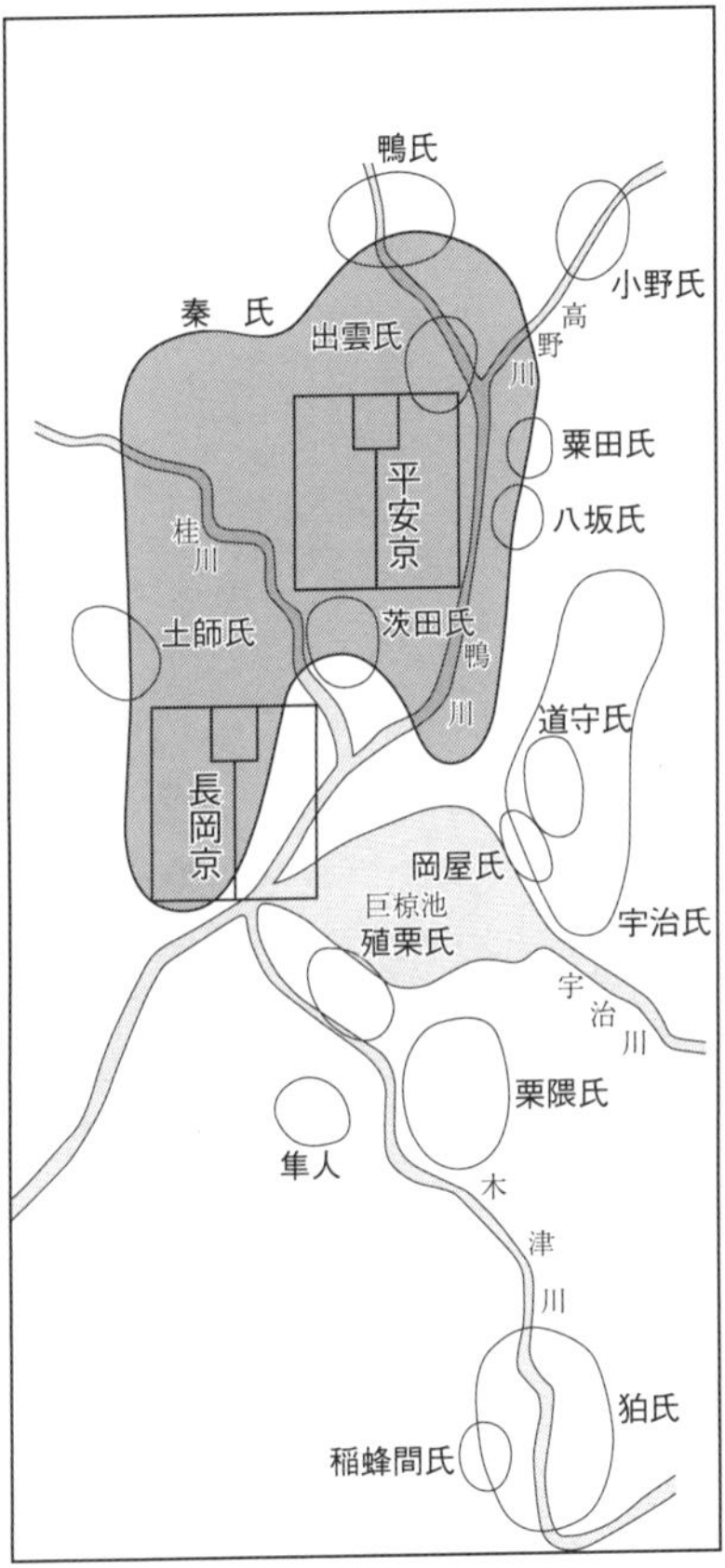

渡来氏族と先住系氏族の分布（井上満郎『京都よみがえる古代』をもとに制作）

『日本後紀』延暦十八年二月条に、和気清麻呂の薨伝（死亡記事）がある。道鏡事件の際、宇佐八幡へ神託を確かめるために下向し、道鏡を即位させてはならぬとの神託を聞き出した、あの和気清麻呂である。彼はその後、桓武天皇の信頼を得、長岡京から平安京への遷都を説得した人物であるとの所伝も、この薨伝に収められている。

ここで注目したいのは、彼の業績のひとつとして、

中宮の教えを奉じて和氏の譜を撰び、これを奏す。帝、甚だこれを善しとす。

（中宮高野新笠の命令で、和朝臣の系譜を編纂して提出した。天皇はこれを大変喜ばれた）

とあることとである。清麻呂が高野新笠の指示を受けて、彼女の実家である和朝臣（高野朝臣）の系譜を書物にまとめて天皇に提出し、喜ばれたというのである。

平野邦雄氏や田中史生氏は、このとき和朝臣の出自がより尊貴なものに造作されたのではないかと推測する。和朝臣はもともと倭漢氏系だったのが、この「和氏の譜」において百済王家の後裔と改められたというのである。あるいはそうした可能性もあるだろう。

渡来系を優遇せよ

桓武は、母方の出自を百済王族に求め、外戚である高野朝臣（和朝臣）や百済王氏を抜擢した。彼が天神郊祀を交野で行なったのも、ここが百済王氏の本拠地だからだろう。彼は自らの血に百済王族の血が入っていることを、むしろ誇らしいこととしてアピールした。実の母が渡来系豪族の出身であるといったことは、従来は確実にマイナスの事実であったが、桓武は自らの専制的な権力をもとに、それを逆に自らの権威の源泉としたのである。

しかも彼は、外戚の百済王氏や高野朝臣だけではなく、それ以外の渡来系豪族も優遇した。先にも触れたように、坂上田村麻呂や菅野真道を参議に登用し、もとの倭漢氏である坂上氏から二人、百済氏から一人の后妃を納れた。桓武が渡来人全般に親近感をもち、彼らの地位向上を図ったことは間違いないだろう。

桓武が即位以前から秦氏と交流があったことは先に指摘したが、即位以後の延暦十年正月に、以下の記事がある。

大秦《うずまさ》公忌寸浜刀自女に、姓賀美能《かみの》宿禰を賜ふ。賀美能親王の乳母なれば也。

賀美能親王とは桓武の皇子で、のちの嵯峨天皇である。生母は、内大臣藤原良継の娘藤原乙牟漏。乳母が大秦公忌寸浜刀自女であった。彼女に対し、親王の名前にちなんだ賀美能宿禰という姓が与えられたのである。賀美能親王は延暦五年の生まれである。これまで育てた功労に報いて、新しい姓が与えられたのに違いない。

この漢風諡号にも現れているように、この天皇はのちに嵯峨院（のちの大覚寺）をつくり、ここで余生を過ごした。嵯峨野・桂川流域は前にも述べたとおり、秦氏の本拠地でもある。秦氏と桓武天皇、さらには嵯峨天皇との結びつきがここに類推できるのである。

なぜ山背か

天命を得て新王朝を創始したことを天下に示すための遷都が、なぜ長岡であり葛野（のちの平安京）であったのか。なぜ桓武は山背にこだわったのか。

先にも述べたように、山背国は以前から秦氏が開発を主導し、支配を進めてきた国であった。遷都前夜においては事実上、山背国の多くが秦氏の影響下にあった。渡来系豪族の女性を母に持つ桓武は、外戚百済王氏を始め多くの渡来系豪族を抜擢し、彼らを藩屏としてきた。それだけに新しい都は、畿内における渡来人のメッカともいうべき一大拠点であり、その代表格ともいえる秦氏が本拠地としていたこの山背国に置く必要があったのであろう。それが、桓武が山背にこだわった一番の理由ではないかと私は考える。

ただ不思議なのは、多くの渡来系豪族が登用されているなかで、秦氏から抜擢された人物がいないことである。先にも述べたように、長岡京・平安京造営にあたっては秦氏の人物が活躍したが、それ以外に関しては、この一族の人物が登用されたことは少なかった。桓武の后妃も、百済王氏や坂上氏は出しているのに、秦氏からは出ていない。政治の前面に出ない、という彼らの禁欲主義はあくまで貫かれているようだ。

惟宗氏への改姓

平安遷都から一世紀近く経った八八三年、明法学者秦公直本《なおもと》が惟宗《これむね》という姓を賜り、以後、惟宗直本と名乗った。直本は、清和・陽成・光孝・宇多・醍醐の五代の天皇に仕えた明法学者で、養老令の注釈書を集成した『令集解《りようのしゆうげ》』の編者として名高い。秦氏とは言っても、もとは讃岐国香河郡の秦氏の出身である。

彼の息子が惟宗公方で、公方は『本朝月令』（平安朝の年中儀礼の由来をまとめた書物）の著者として知られる。『本朝月令』には、「秦氏本系帳」という書物を引用した個所が二カ所ある。これがいつごろ書かれたものなのか特定はできないが、遅くとも奈良末から平安初期に作られた、秦氏の祖先伝承を記した書物なのであろう。そこには、のちにも引用するような松尾神社や賀茂神社の縁起が、秦氏と関わらせて語られている。秦氏とはいっても讃岐国出身の彼らが、山背国の秦氏本流の祖先伝承を書物の形で伝えているのである。秦氏は全国各地に分布しているため、一見遠く離れた場所に住む彼ら相互には同族意識など希薄であったかのような印象もあるけれども、実際は必ずしもそうではなかった。

秦公直本が惟宗という姓を賜ったとき、同時にこの姓を賜った者は十九名いた。秦忌寸(二系統)、秦公、秦宿禰と姓《かばね》は異なるけれども、共通して秦氏に属する十九名で、申請の結果、皆改姓を認められた。「惟」とは、発語としてよく使われる「これ」。「宗」とは本宗家の意で、この家こそが秦氏の本宗家である、という意味であろう。以後、この家からは明法家が代々輩出していく。この惟宗氏の子孫が、薩摩の島津氏に他ならない。鎌倉時代の守護に始まり、江戸時代、幕末にまで至る大大名の発祥が秦氏にあるのである。

第七章　大陸の神・列島の神

融和を重視

渡来系豪族でありながら、秦氏は意外なほど神祇信仰と深い関わりを持ってきた。本拠地の山背国では稲荷大社、松尾大社を始め、月読神社、蚕の社、元来鴨氏の祀っていた賀茂神社にも介入している。同じ渡来系の有力豪族である倭漢氏と神祇信仰の結びつきが顕著とはいえないのと比較すると、秦氏の特徴は明らかだ。

もちろん彼らは仏教寺院も多く建立している。先に触れた広隆寺は言うまでもないが、このほか樫原《かたぎはら》廃寺や北野廃寺など。いずれも秦氏の勢力圏内に位置しており、秦氏の建立した寺院である可能性が高い。ただそれ以上に彼らが在来の神祇信仰に接近し、これと融和的な姿勢を維持してきたらしいことが際立つのである。

それは、彼らが地方に定着するにあたり、先住の倭人（日本人）と融和的な関係を築くために必要なことだったのかもしれない。自分たちの奉ずる新たな神をもちこむよりも、在来の伝統ある神を尊重し、それへの祭祀を継承したほうが摩擦も少ない。そうした知恵もあったかもしれない。しかし彼らとしてはそこに何のジレンマもなかったのだろうか。在来の神祇信仰を尊重し、その祭祀を継承するだけで、自分たちの抱く外来の信仰や宗教観をそこに盛り込むことはしなかったのだろうか。

渡来の神・三つの類型

上田正昭氏は、渡来人集団と渡来の神々のありようについて、三つの類型に分類した。第一は渡来系の神を渡来人集団が祭祀するタイプすなわち渡来型、第二は渡来系の人々が在地神などを祭祀するタイプの重層型（イ）、第三は在地の人々が渡来系の神を祭祀するタイプの重層型（ロ）である。渡来系の神を渡来人が奉斎したという、単純な場合だけではないのである。

北條勝貴氏の把握も興味深い。氏は、秦氏によって奉祀された神を、（1）朝鮮半島より奉祀してきた渡来神、（2）定着した地域の土着神、（3）開発などの過程で生じた新しい神格の三種類に想定した。上田氏の提示した類型と近いが、（3）開発などの過程で生じた新しい神格、を入れているのが独自の考え方といえよう。

先に見た伏見稲荷や松尾大社などは、渡来系の人々が在地の土着の神を祭祀するタイプといえるだろう。北條氏は、大井神社や大酒神社を（3）のタイプに分類している。大井神社が、桂川の治水を祈る大堰の神であることは先に述べたけれども、北条氏は大酒神社のサケも治水の意に解している（この解釈に賛成できないことは、先に述べたとおりである）。

松尾大社の創建伝承

松尾大社と葛野坐月読神社、木嶋坐天照御魂神社《このしまにいますあまてるみたま》に関しては、実は分からないことが多い。いずれも秦氏が深く関わっていることは間違いないが、どのような過程で関わるようになったのか、謎が多いのだ。

松尾大社のある上桂の周辺は、古くから秦氏の勢力圏の中心である。阪急電車嵐山線の松尾駅を降りると、すぐ右手には桂川にかかる松尾橋、左手にこの神社の鳥居がある。境内に入ると奉納された清酒の樽が積み重ねられているのもこの神社の特徴だ。社殿の背後には松尾山があって、もともとはこの山への信仰があったことが窺える。

この地には五世紀後半から六世紀初めには秦氏が居住していたものと思われるが、この創立の経緯を記す伝承がある。『本朝月令』に引用された「秦氏本系帳」の所伝である。

正一位勲一等松尾大社は、筑紫胸形に坐す中部大神なり。戊辰年の三月三日、松埼日尾《まつざきひお》［又、日埼岑《ひさきみね》とも云ふ］に天下り坐す。大宝元年、川辺の腹の男、秦忌寸都理《とり》、日埼岑より更に松尾に奉請す。又、田口腹の女、秦忌寸知麻留女《ちまるめ》、始めて御阿礼《みあれ》を立てる。知麻留女の子、奉忌寸都駕布《つがふ》、戊午年より祝《はふり》と為す。子孫相承け、大神を祈り祭る。それより以降、元慶三年に至るまで、二百三十四年。

（正一位勲一等松尾大社は、筑紫胸形に坐す中部大神である。戊辰年（天智即位元年？）の三月三日、松埼日尾［又、日埼岑とも云う］に天から下られた。大宝元年に、川辺の腹（一族）の息子の秦忌寸都理が、日埼岑から更に松尾に移っていただくよう、お願いした。又、田口腹の女、秦忌寸知麻留女が、始めて御阿礼神事を立てた。知麻留女の子の秦忌寸都駕布が、戊午年（養老二年）より祝と為った。以来、子孫がこの地位を継承し、大神を祈り祭っている。それより以降、元慶三年に至るまで、二百三十四年になる）

とある。ここにある「筑紫胸形に坐す中部大神」とは宗像《むなかた》神社に祀られる三柱の神のうち、「中津宮」に坐す（『古事記』）という「市杵嶋命」であろうと推定されている。なぜ

「日本第一醸造之神」をまつる松尾大社（京都市西京区）

宗像の海の神が内陸の山背に祀られているのか、種々の説明がされているが私にはやはり腑に落ちない。

この神が戊辰年（おそらく天智即位元年であろう）の三月三日、松埼日尾〔又、日埼岑とも云う〕に降臨されたというのである。「松埼日尾」がどこに当たるのか、京都市左京区の松ヶ崎とする説と、松尾山の山頂とする説とがある。

大宝元年（七〇一）になって、秦忌寸都理が、祭神を日埼岑から松尾に移し、秦忌寸知麻留女が、始めて御阿礼神事を創始したという。さらに戊午年（養老二年・七一八年）には、知麻留女の子の秦忌寸都駕布が、神官となって、以来子孫がこの地位を継承し、大神を祈り祭っているという内容である。

松尾大社は、『古事記』の大年神《としかみ》の系譜にも現れるが、ここではその祭神は、大山咋神《おおやまくい》であると記されている。

次に大山咋神、亦の名は山末之大主神《やますえのおおぬし》。この神は近淡海国《ちかつおうみ》の日枝《ひえ》の山に坐し、また葛野の松尾に坐して、鳴鏑《なりかぶら》を用ひし神ぞ。

大山咋神とは山の神であるが、松尾大社と同様、近江の日吉大社もこの神を祀っているという。しかも「鳴鏑を用ひし神ぞ」とある。鳴鏑とは、射ると音を発する鏑矢《かぶらや》のことである。松前健氏によると、これは雷神と関わりがあるものだという。

このように、松尾大社は筑紫胸形に坐す中部大神が鎮座したとする伝承と、近江国の日吉大社と同じ大山咋神を祭るとする伝承とがあるのである。先にも述べたように、この神社は桂川の西の松尾山の麓にあり、もともとはこの山への信仰が基盤にあったと想像される。それがなぜ宗像の三神や近江の日枝山の大山咋神や大年神と結びつけられたのか、諸説あるけれども解明されたとは言い難い。

鴨氏との深い関係

松尾大社に関わる伝承はもうひとつある。『本朝月令』に引用された「秦氏本系帳」の所伝である。内容を要約しよう。

ある「秦氏の女子」が「葛野河」（桂川）で衣装を洗っていたところ、一本の矢が上流から流れてきた。彼女はこれを家に持ち帰り、「戸の上」に置いたところ、夫もいないのに妊娠し、やがて男の子を生みおとした。彼女の両親は怪しみ、父親が誰なのか、娘に問うたが、わからない。そこで近隣や一族の男たちを招いて宴を開き、その場で子どもに盃を渡し、こう尋ねた。「父と思う人にその盃を献れ」子供は居並ぶ男たちを指さず、仰ぎ見て戸の矢を指差した。そして「雷公」となり、屋根を突き破って天に昇っていった。故に、鴨上社を別雷神と号し、鴨下社を御祖神と号す。戸の上の矢は、松尾大明神である。これ以来、秦氏はこの三つの神を祭るようになったという。その後、鴨氏は秦氏の婿となり、秦氏は「愛婿」のために鴨祭を鴨氏に譲った。だから今、鴨氏が禰宜《ねぎ》としてこの祭りを行っているのだという。

これときわめてよく似た話が「山城国風土記」逸文にある。こちらは賀茂建角身命《かもたけつぬみのみこと》の娘、玉依日売《たまよりひめ》が「石川の瀬見の小川」で、川遊びしていたところ、丹塗矢《にぬりや》が流れてきて、これを家に持ち帰ったところ、妊娠して男子を出産した。娘の父賀茂建角身命が、男たちを集めて宴を開き、「汝の父と思はむ人にこの酒を飲ましめよ」と男子に言ったところ、彼は天に向いて祭ろうとし、屋根を割って天へ昇っていった。よく似た話である。

いずれも雷神の起源を語る伝承であり、川から流れてきた矢によって娘が出産するという話である。この類似は偶然とは思えない。両者のうちより原型に近いのは、あとに挙げた鴨氏の伝承である「山城国風土記」逸文であって、前者の「秦氏本系帳」の所伝は、鴨氏の伝承を秦氏が自氏に都合のいいように換骨奪胎して書き換えたものにすぎない、という見解が有力である。

秦氏の伝承では賀茂別雷神は、秦氏の女子が松尾大明神の象徴たる「戸上の矢」に感精して産んだ御子であるとされている。これによれば、賀茂別雷神は父も母も秦氏系の神ということになろう。今、この神が鴨氏によって主に奉斎されているのは、その後「鴨氏の人が秦氏の婿」になったからで、「秦氏が愛婿の為に鴨祭を以てこれを譲り与えた」からだという。

こうした所伝はたしかに秦氏の主張したものであって、元来の伝承とは異なるであろう。ただ近年は、新しいとされる「秦氏本系帳」の所伝にも、それだけの背景があるのではないか、との見解も現れている。

とりわけ、上井久義氏の見解は興味深い。氏は、以下のように述べてこれらの伝承は秦氏と鴨氏が相互に姻族の関係にあることを説明するために語られたとみる。

賀茂氏の女子には秦氏の神が訪れ、秦氏の女子には賀茂氏の神が訪れ、そこに生まれた男児は鴨祭の場において父親の社会集団に帰属させ、賀茂・秦の両氏人たちによって互いに認知しあう、ということではないかと察せられるのである。

秦氏と鴨氏とでは、より早く京都盆地に定着したのは鴨氏であろう。賀茂神社の祭祀も当然、彼らが行っていたに違いない。しかし遅れて入植した秦氏が京都盆地に勢力を拡大し、松尾神社や稲荷神社の祭祀を継承すると、両者は対立関係というより姻戚関係を結び、互いに賀茂神社と松尾神社の奉斎に連携したといえそうである。

ここまで三種の松尾神社の創立に関わる伝承をみてきたが、その祭神は筑紫胸形に坐す中部大神とする伝承と、近江国の日吉大社と同じ大山咋神とする伝承とがあった。また秦氏のみならず、鴨氏も創立に関与しているとする伝承もあった。これらから気づくのは、そこに秦氏独自の祀った神が現れてこないということだ。現れるのはいずれも他から勧請した神で、秦氏だけでなく鴨氏などの関与も認めているのである。

葛野坐月読神社

松尾大社と至近距離にあるのが葛野坐月読神社である。この神社の創立に関わる伝承が『日本書紀』顕宗天皇三年二月条にある。

阿閉臣事代、命を銜《う》けて出でて任那に使す。是に月神、人に著《かか》りて謂《かた》りて曰く、「我が祖高皇産霊《たかみむすびのみこと》、預《そ》ひて天地を鎔《あ》ひ造《いた》せる功、有します。民地を以て、我が月神に奉れ。もし請ひのままに我に献らば、福慶あるべし」。事代、是によりて京に還りて具に奏す。奉るに歌荒樔田《うたあらすだ》を以てす。[歌荒樔田は、山背国葛野郡に在り]。壱伎県主の先祖押見宿《おしみ》禰、祠に侍へまつる。

(阿閉臣事代が、命令をうけて任那に使者として派遣された。このとき月神が、ある人に乗り移り、こうおっしゃった。「我が祖高皇産霊は、預かって天地を造り給うた功績があられる。そこで民の地を以て、私、月神に奉れ。もし要求通り私に献ってくれたら、福慶があるであろう」。事代は、このことを京に戻って詳しく申し上げた。こうして歌荒樔田を月神に献上した。[歌荒樔田は、山背国葛野郡にある]。壱伎県主の先祖押見宿禰が、祠に侍えまつった)

阿閉臣事代が朝鮮半島に派遣されたとき、とあるが、のちの文章からすれば渡海の途次の壱伎（壱岐）でこの出来事は起きたのだろう。ある人物、おそらく最後に現われる「壱伎県主の先祖押見宿禰」に対し、月神（月読神）が神託を下した。それは、天地を創造された高皇産霊の子孫である我、月神に「民の地を奉れ」という要求であった。阿閉臣事代は、都に戻ってこのことを報告した。その結果、山背国葛野郡にある歌荒樔田（山背国葛野郡宇多野）の地が月神に献上された。そして壱伎県主の先祖押見宿禰が、祠に侍えまつったというのである。

上田正昭氏らが推測しているように、この伝承は壱岐にあった「壱岐嶋壱岐郡月読神社」が、山背国葛野郡の葛野坐月読神社に分祀されたことを示すものであろう。

阿閉臣事代は、伊賀国阿閉郡を本拠とした豪族であるが、彼が媒介となって壱伎県主の先祖押見宿禰が上京し、壱岐の月神が山背国葛野郡に祀られたのだった。ただなぜかここに秦氏の名前が出てこない。

気がつくのは、松尾大社は筑紫国宗像の海の神を祀り、そのすぐ傍にある月読神社は壱岐にあった月読神社を分祀している。どういうわけか、この辺りの秦氏系の神社には、壱岐や対馬の海人系の信仰との関わりがみられるのである。これについて、北條勝貴氏は、興味深い見解を述べている。

それは、秦氏が日本列島に渡来し、山背に定着するまでの経路において、宗像氏など海人族と接触し、血縁的にも文化的にも交配・融合が進むなかで、海人族の氏神を奉斎するような現象が生まれたのであろう、というのである。スケールの大きい魅力的な説だ。秦氏が渡来後、山背に定着するまでに在来の氏族と、どのように接触し互いに影響を受け、与え合ったのか、考える必要があるだろう。

在来の神と共存

秦氏の本拠地太秦には、通称「蚕の社」、古代の名称では「木嶋坐天照御魂神社」がある。天照御魂神を祭神としている。この神は天照大御神と名前は似ているが別の太陽神で、松前健氏によれば尾張氏の奉斎した男神であるという。秦氏との結びつきは明らかではないが、広隆寺とも近く、その立地から秦氏と無縁だったとは考えられない。

『続日本紀』大宝元年（七〇一）四月条に、こういう記事がある。

勅すらく。山背国葛野郡の月読神・樺井神・木嶋神・波都賀志《はつかし》神らの神稲、今より以後、中臣氏に給す。

このうちの木嶋神が「木嶋坐天照御魂神社」にあたる。遅くともこのころには、現在ある太秦周辺に鎮座していたことは確認できる。秦氏との関係も成立していたであろう。このほか月読神は先ほども取りあげたが、樺井神は現在の京都府城陽市にある樺井月神社、波都賀志神は現在の京都市伏見区羽束師坐高御産日神社と推定されている。

「木嶋坐天照御魂神社」がいつごろから秦氏と結びつきを持ったのか明らかでないが、この神はもともと彼らが奉斎していた神ではないのであろう。あるいは尾張から勧請したのかもしれない。彼らの在来の信仰への態度は、これを素直に継承する例が多く、古い伝統的な神社が近隣に残っている場合でも、これと対立するよりはむしろ共存している例があるように思える。

ただ八世紀、奈良時代を通じて確実に秦氏の関係する神社は山背国に増加している。もとは特にこの氏と関わりが乏しかった松尾神社や木嶋坐天照御魂神社、賀茂神社にも、この一世紀足らずのうちに彼らの力が届くようになっていく。

伏見稲荷の祭神

伏見稲荷の創立も、天暦三年（九四九）の「神祇官勘文」に件の神社立ち始むるの由、たしかに所見無し。但しかの社の禰宜祝らの中状に云ふ。この神、和銅年中始めて伊奈利山三箇の岑の平かなる処に顕れ坐す。

（この神社が最初に立てられた事情については、文献がない。但し、この神社の禰宜祝（神官）の申し状にはこうある。「この神は和銅年中（七〇八〜七一五）に初めて稲荷山の三つの峯の平らな所に現われて来られた」）

とある。奈良時代初期の和銅年中に出来たというのである。稲荷山に対する神体山としての信仰はもっと古くからあったろうが、ここで言及しているのは社殿の建設と、秦氏による禰宜などの世襲制度の確立であろう。ここでも奈良時代が秦氏が山背盆地の神社へ進出していく、画期であったことがわかる。

もともとこの神社が何という神を祭神としていたかは文献には記されておらず、わからない。中世以後、この神社の祭神の中心は「宇迦之御魂神《うがのみたま》」と伝えられるようになるが、この神は『古事記』ではスサノオノ命の子とされる。「宇迦」は食物、米を指すので、稲霊の神であることは明らかである。この神社の祭神が『古事記』に現われる神に結びつけられるようになったのは、平安時代以後だろうと思われるが、早い時期から稲霊の神を祀っていたことは認めてもいいだろう。つまり伏見稲荷の神は、他所から勧請した神ではな

伏見稲荷大社（京都市伏見区）

さそうである。先にも述べたように、元来はこの稲荷山を神体山とする信仰があったとみられるが、のちになって農業の神が尊重されるようになったのだろう。そこには秦氏の関与があったとみられる。

大陸から持ち帰った神

ここまで秦氏が奉斎してきた神社を順に分析してきた。これによると、元からあった在来の神を祭る社と、新しく他の地域の神を勧請したものとの二種類に分類できそうだ。前者は伏見稲荷、後者は「筑紫胸形に坐す中部大神（市杵嶋命）」や「大山咋神」を祀る松尾大社、壱岐から勧請した月読神を祀る葛野坐月読神社、尾張氏系の神を祀る「木嶋坐天照御魂神社」などである。

彼らは新しく入植したあとも、元々その土地で祀られてきた神を尊重し、その祭祀を継承した。あるいは、中央で尊重され他地域でも有名な神を勧請することで、古い在地の神社を再生しようとした。

このように、彼らは在来の神祇信仰に接近し、これと融和的な姿勢を維持してきた。自分たちの奉ずる新たな神をもちこむよりも、在来の伝統ある神を尊重し、それへの祭祀を継承する方策を採用してきた。

では秦氏自身が大陸から持ち伝えてきた神はいなかったのだろうか。

その可能性があるのが、『古事記』の大年《おおとし》神の系譜にみえる「韓《から》神」である。


大年神、神活須毘《かみいくすび》神の女、伊怒比売《いのひめ》を娶りて生める子は、大国御魂《おおくにみたま》神。次に韓神。次に曾富理《そほり》神。次に白日《しらひ》神。次に聖《ひじり》神。


大年神の子としてみえる五柱の神のうち、韓神がみえる。

『延喜式』神名帳には、これと同じではないかとされる神を祭る神社が記されている。

宮中神三十六座

のうち、「宮内省坐神三座　並名神大、月次・新嘗」として

園神社　韓神社二座

とある。

そして、この神を祭る宮廷儀礼がある。その式次第は、平安時代の『儀式』などの書物に記録されている。この「園韓神祭《そのからかみまつり》」は、二月の春日祭りのあとの丑の日および、十一月の新嘗祭の前の丑の日に行われていた。この祭りが最初に史料に見えるのは延暦二十年(八〇一)、桓武朝のことで、それ以前の史書には出てこない。この神を宮中で祭るようになったのは、桓武朝に入ってからなのであろう。

ここで問題になるのは、韓神社とともに並んで鎮座する園神社である。「園韓神祭」という祭祀の名前も、当然韓神と園神とを祭る神という意味なのだろう。しかし園神という名の神は、『古事記』にはない。そこで、『古事記』では韓神の次に現れる「曾富理神」が「園神」ではないか、とする見解もあるが判断が分かれるところだ。

韓神の奉斎者

『江家次第《ごうけしだい》』という平安時代の書物に、この韓神について面白い伝承がある。

園韓神の口伝に云く、件の神は延暦以前よりここに坐せり。遷都之時、造宮使、他所に遷し奉らんとするに、神託して云く、猶ここに座して帝王を護り奉らん。云々。仍りて宮内省に鎮座す。

（園韓神の言い伝えに云く、「この神は延暦以前（平安遷都以前）よりここにおられる。遷都の時に、造宮使が、他所に遷し奉ろうとしたら、神託が下った。これによると、「我はなお、ここに座して帝王を護り奉らん。云々」とあった。そこで今も宮内省に鎮座されている）

同じ内容の伝承が他の書物にも伝えられている。この神は、もともとこの場所に祀られていた。平安遷都に際し、ここに宮内省の建物が建てられることとなり、当然別の場所に遷されかけたけれども、「これからもここにいて天皇を守護したい」との神託が下ったので遷さなかったというのだ。つまり、この神は平安遷都以前からこの地に祀られていた神で、遷都にあたって帝王を祀る神となることによって、同じ場所に留まる事を許されたということである。

遷都以前、この辺りを治めていたのは、言うまでもなく秦氏である。読者は「拾芥抄」の「大内裏は秦ノ川勝の宅」という伝承を想い起こされるだろう。あるいはこの神社は秦氏の邸宅内に祀られた屋敷神だったのかもしれない。園神は邸宅内の園池（庭園や池）に

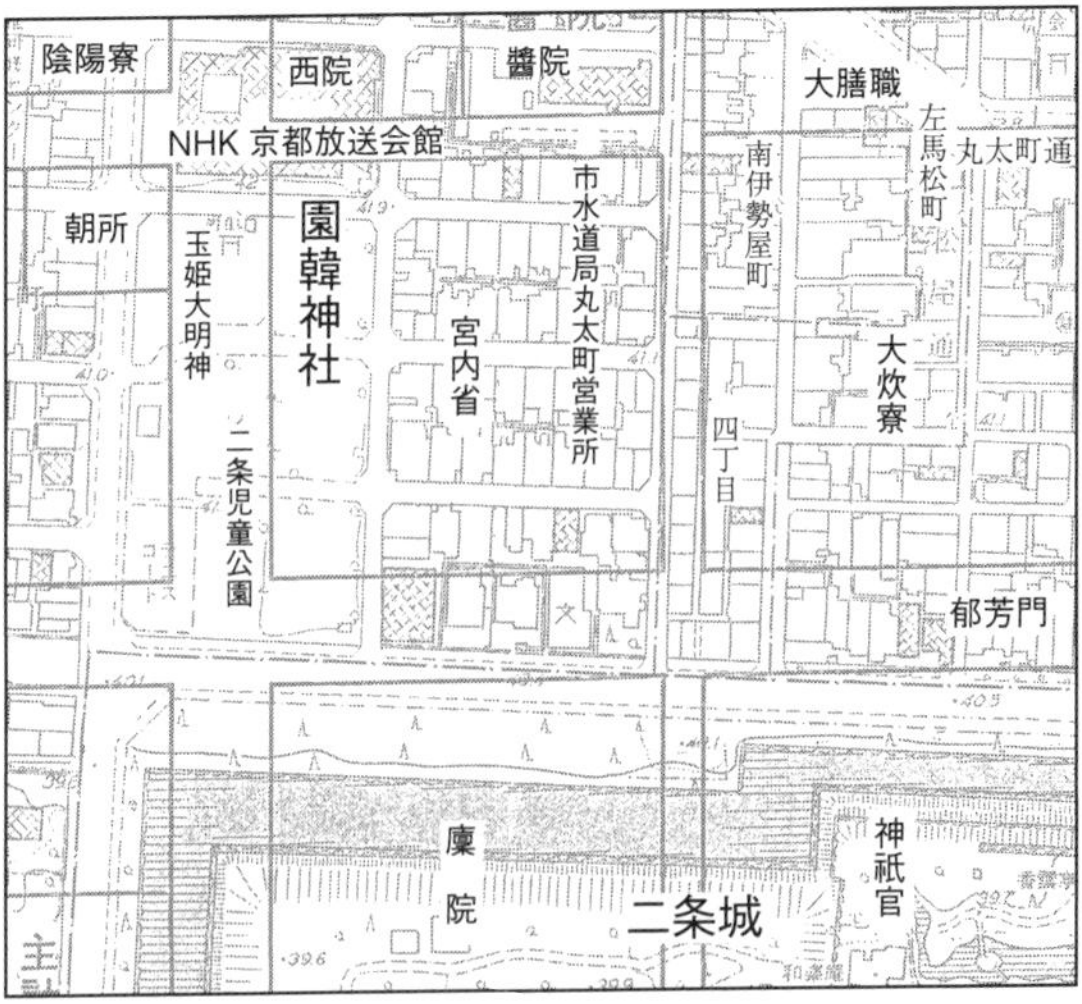

園韓神社（京都市上京区周辺図　『平安京提要』より）

祀られた小社である可能性があるだろう。これまでから多くの学者たちが推測しているように、「園神社、韓神社」を奉斎していたのは秦氏であると推定してさしつかえないと見られる。

問題が残るのは、『古事記』の大年神の系譜に見える「韓神」も、本当に秦氏の祀る神なのかどうか。『古事記』の韓神は、大年神の子とされ、秦氏とのつながりも窺うことはできない。名前こそ韓神だが、大陸とのつながりは顕著ではない。『古事記』に見える「韓神」と、神名帳にみえる「園神社韓神社二座」および宮中で祀られる「園韓神祭」の祭神が、同じ神なのかどうかは、疑問の余地があるかもしれない。

平安京の地主神か

この問題は措くとして、平安遷都以前からこの地に鎮座した「園神社　韓神社二座」について、日野昭氏が以下のように述べているのが参考になろう。

おそらくは、本来は韓人の奉祀する神であったものが、やがて韓人居住の土地の神のように崇められるに至り、帝王がその地を占める時、これを奉祀することが土地の平和的確保のためには有効なことと考えられるに至ったのではなかろうか。

上田正昭氏も、

韓神は平安遷都以前からの地主神であり、秦氏の邸宅を中心とする地域に平安宮が造営されて、平安宮の宮内省に坐す神としてまつられるころには、二座の神になったのであろう。

と述べている。

小林茂美氏は、さらにこう言う。

秦氏の所有地や韓神の祭壇が大内裏の敷地になってしまえば、韓神に対する観念も、帰化族の屋敷神から宮廷の地主神へ、さらには宮城鎮護と王権保証の神へと、昇格し変容するのは当然の成り行きであった。

韓神がもとは秦氏の祀る神であったことはその通りであろう。その神がなぜ平安京内の地主神でありえるのだろうか。渡来系豪族である秦氏が現在の二条城の辺りの土地神を祀っていたとすれば、それは在地の神であることになろう。この章の冒頭に挙げた上田正昭氏の分類でいえば、「渡来系の人々が在地神などを祭祀するタイプの重層型（イ）」、北條勝貴氏の分類でいえば「（2）定着した地域の土着神」に当てはまる。秦氏入植以前からもともとそこで祀られていた神を、秦氏が引き継ぎ発展させた、ということになる。伏見稲荷大社や松尾大社などと変わりはないことになるだろう。

しかし本当にそう考えていいのだろうか。腑に落ちないのは、この神の名前である。もともとそこで祀られていた在地の土地神であるならば、どうしてそれを韓神と呼ぶのだろうか。その土地の地名を冠した名前であるのが普通であろう。この点が、伏見稲荷や松尾大社などと根本的に異なるように思うのだが、如何だろう。やはりこの韓神は、大陸から秦氏によってもたらされた外来の神である可能性が高いように私は考える。

では具体的に何を祀った神なのか。彼らが大陸にいたころ奉斎していた土地の神が海を越えて渡って来たとも考えにくいだろう。とすれば、私はこれこそ秦氏の祖先神ではないか、祖霊ではないか、と思う。

平野神社の祭神

渡来系豪族が、渡来の神を祀った例としては、高句麗系の高麗《こま》氏が高麗若光を主神として祀った高麗神社（埼玉県日高市）や、高麗王の霊神を祀った許麻《こま》神社（八尾市久宝寺）、高麗（狛）氏の祖先神を祀った大狛神社（柏原《かしわら》市）、倭漢氏が祖先の阿知使主を祀った於《お》美阿志《みあし》神社などがあると上田正昭氏は言う。こうした外来の神に関しては、伴信友《ばんのぶとも》『蕃神考』が先駆的な研究である。

有名なのは、古く信友がこの書で論じた平野神社に祀られる今木大神である。『延喜式』神名帳に「山城国葛野郡」に「平野祭神四社［並名神大。月次新嘗］」として記載されている。現在、京都市平野宮本町に鎮座する。祭神は、「今木・久度・古開」と「相殿比売」の四座である。初めて史料に見えるのは、『続日本紀』延暦元年条、「田村後宮今木大神」を従四位上に叙した、とある記事である。「田村後宮」は、平城宮内にあった光仁天皇とその妻高野新笠などが暮らした宮とみられる。今木大神は平安遷都まではそこに祀られていたようだ。そのさらに前は、大和国高市郡今木に祀られていた可能性が高い。「今木」は「今来」つまり「新しく渡来した」というまさに渡来の神であることを表す名前であるとする説がある。しかし、上代仮名遣いでは「来」は甲類、「木」は乙類であって別種であるとする指摘もある。

それが平安遷都後、現在の地に遷された。特徴的なのは、この神を祀る平野祭に参加するのが、桓武天皇の後裔と大江氏、和氏と定められていたことである。大江（大枝）氏は桓武の外祖母の「大枝朝臣真妹」の出身氏族で、和氏は桓武の母高野新笠の出身氏族である。いずれも桓武の母方に連なる豪族である。これらと桓武の子孫後裔のみが参加することと定められているのである。

百済聖明王が今木大神か

平安末期、藤原清輔の「袋草子」に「平野の御歌」として、

　白壁のみこのみおやのおほちこそ平野の神のひひこなりけれ

という歌が収められている。原文は右のように平仮名だが、江戸後期の国学者伴信友の考証に従って適宜漢字に直すと、このようになろう。

白壁の皇子の御祖の御祖父こそ平野の神の曾孫なりけれ

伴信友の考証によると、「白壁の皇子」とは光仁天皇の皇子である桓武天皇を指し、その「みおや（御祖）」とは桓武の母高野新笠、その「おほち（御祖父）」とは彼女の祖父（名前は史料に残っていない）「和史某」であろうとされる。つまり一首の意は、高野新笠の祖父にあたる「和史某」が平野神の曾孫である、ということであった。伴信友は、「和史某」の父は「武烈紀」七年条に名前がみえる「法師《ほうし》君《きし》」（倭君という渡来系豪族の祖先とされる）であると推定する。この「法師君」の父は、「斯《し》我《が》君」という人物であると、同じ「武烈紀」七年条に記されている。百済聖明王の命で倭国に派遣されたこの斯我君を、信友は聖明王の王子だと推定するのである。右を整理すると、

聖明王―?斯我君―法師君―?「和史某」―高野乙継―高野新笠―桓武天皇

となる（―?は推測の父子関係）。「和史某」は聖明王の曾孫であり、かつ桓武の曾祖父になる。こう読むと、「白壁の皇子の御祖の御祖父」（＝「和史某」）が平野神（＝聖明王）の曾孫にあたるという意味になる。要するに信友の結論は、平野神とは彼らの祖先である百

済王聖明王であるというのだ。右の系譜関係が正しいかどうかには、疑問の残るところもあるけれども、高野新笠の祖先については、先にも述べたように『続日本紀』は、

百済武寧王之子、純陁太子。

と記している。今木大神が百済聖明王ひとりを指すかどうかは別としても、和史のちの高野朝臣の祖先神である可能性は高いだろう。ただ平野神社の場合、この神社とその祭祀が尊重され、わざわざ平城京から平安京にまで遷座した背景には、桓武が自らの母方の氏神を称揚する政治的なねらいもあってのこととみられる。和史のちの高野朝臣の意志というよりも、桓武の政策的な要請があったに違いないと思われる。

桓武天皇像

韓神が一体何を祀った神だったのかを考えるうえで、今木大神を祀る平野神社の例は有益であろう。先に述べたように、園韓神社も元々は秦氏の本拠地において彼らの祖霊を祀っていた可能性が浮かんでくるのではないだろうか。そしてここにも渡来人を尊重した桓武の政治的な意

図が窺えるように思う。

園韓神の祭り

園韓神祭は、平安時代の儀式書によると、二月の春日祭りのあとの丑の日および、十一月の新嘗祭の前の丑の日に行われていた。夜を待って神殿の前庭に賢木が立てられ、庭火が焚かれる。そこで御巫による歌舞、すなわち神楽が執り行われた。御巫らは、榊や桙、弓、剣などの「採り物」を手に持ち、舞った。

この神の神楽歌が『梁塵後抄』に収められている。

（本）
三島木綿《ゆう》　肩に取り掛け　われ韓神の　韓招《お》ぎせむや　韓招ぎ　韓招ぎせむや
（末）
八葉盤《やひらで》を　手に取り持ちて　われ韓神の　韓招ぎせむや　韓招ぎ　韓招ぎせむや

「韓招ぎ」とは「韓風のお招きをしよう」という意味だ、と上田正昭氏は指摘している。すなわち、「朝鮮風の招神の作法」だという。「三島木綿」を「肩に取り掛け」とは、これをまつりの呪布として〝肩にとりかける〟、という意味であることも上田氏の指摘である。

三島とはおそらく摂津の三島（現在の高槻市・茨木市一帯）であり、ここには「唐（韓）崎」や「筑紫津」といった地名もある。渡来の神がここにも祀られていたのではないか、というのである。

松前健氏はこの舞を、

神人がオギシロとしての祭具を持って、降神の儀を行う姿であるといえよう。韓神がもし朝鮮系の神であったとすれば、当然朝鮮系の巫堂《ムーダン》の徒が、笹や神刀などを持ち、歌舞降神の儀を行なうのと、同じ系統のものと考えてよかろう。

と述べている。

異国風の巫術に基づく歌舞が我が平安の宮中で舞われていたさまを、私たちは想像してみてもいいだろう。

先日、思い立って園韓神社《そのからかみのやしろ》の故地とされる旧宮内省の西北隅へ行ってみた。『平安京提要』の地図によれば、そこは現在、二条城の北にある二条児童公園の東半分に相当する。秋の平日の午後だったが、子どもを連れた親子や老人が何組か、のんびりした時間を過ごしておられた。ここに立ってみると、決して大きな神社ではなかったことがわかる。もと秦氏の屋敷神だったという憶測は確かに外れてはいないだろう。

このあたりから三百メートルほど西北に行った千本丸太町の一帯は、平安京の大極殿のあったところである。先にも述べたように、かつては秦河勝の邸宅が営まれていたと伝えられているところだ。近年、そこから平安遷都以前の飛鳥時代や奈良時代の邸宅跡や竪穴式住居がいくつか発掘されているという（聚楽遺跡、鳳瑞遺跡）。右の伝承があながち全くの嘘ではないらしいことが、証明されようとしているのである。

「百錬抄」によれば、この神社は大治元年（一一二七）に火事のため失われた。焼け跡からご神体を取り出してみたところ、「神宝剣桙」が残っていたという。その後も衰微しながらも存続はしていたが、応永二十六年（一四一九）の大風で社殿が転倒したとある。最終的には応仁の乱で戦火に巻き込まれ、廃絶したのであろう。

第八章　秦氏とは何か

日本の古代と秦氏

ここまで手探りながら、秦氏の全体像を時代を追ってふりかえり、また各地の勢力の状態、彼らの信仰について検証してきた。そこからこの謎の渡来系豪族の実像について、どのようなことがいえるだろうか。

彼らが大陸から移住してきた人々であることは間違いないが、『日本書紀』が説くように百済から来たのか、『新撰姓氏録』にあるように秦の始皇帝の子孫なのか、あるいは新羅から来たのか、確かなことはわからなかった。私の推測では、中国の秦の遺民と称する人々を中心に、新羅・百済など朝鮮半島各地の人々も含まれていたものと考えた。彼らの人口は、十七万人ほどとみられ、仮に六世紀前半ころの人口を四百万人で計算してみると、全人口の約五パーセントになる。他のどの氏族よりも抜きんでた人口を持っていたらしく、それが彼らの経済力の第一の源泉であった。

当初は、各氏族のもとに分散して駆使されていた彼らは、のちに天皇のもとに統合され、さらには秦氏本宗家の管理下、全国各地に分散してそれぞれ生産に従事し、朝廷に貢納するようになった。彼らの貢納によって朝廷の財政規模は拡大し、増設した蔵の管理に蘇我氏や東西文氏などと共に、秦氏も関与するようになった。

彼らが本拠地としたのは山背国、とりわけその東部の深草と、西部の桂・嵯峨・太秦地域であった。深草には屯倉があり、そこを拠点として東国に通ずる馬による遠隔交通、商業活動を展開した。桂・嵯峨・太秦では桂川の改修工事にまず取り組み、この地域一帯の開発に乗り出した。

秦氏が政治上最も華々しく活躍したのは、やはり推古朝、秦河勝の時代に違いない。河勝は冠位十二階のうち、「大徳」に次ぐ「小徳」に任じられた。中臣氏や物部氏、平群氏など、大夫級の中央有力豪族と肩を並べる地位に抜擢されたのだった。聖徳太子の右腕となって蘇我氏と対抗したとか、太子とともに新羅仏教を興し、蘇我氏・倭漢氏の百済仏教に対抗しようとしたという説には従えないが、太子から下賜された仏像を安置し、蜂岡寺(のちの広隆寺)を創立したのは事実であろう。

殖産興業の民

しかし彼らにとって一大転機となったのは、聖徳太子の遺児山背大兄王一族が蘇我入鹿に滅ぼされた事件であった。このとき、彼らは王を救おうとはしなかった。王が深草の屯倉まで逃れれば馬が調達でき、そこから馬に乗って東国の乳部（壬生部）を拠点に戦えば勝てたかもしれないのに、秦氏は斑鳩に孤立する山背大兄王を助け出そうとはしなかった。中立を保ったのである。以来、というべきか、彼らの姿を政治の表舞台から見ることは少なくなった。蘇我氏とも大化改新政権とも距離を保ち、深く関わろうとはしなかった。

一方でこのころから近江国の依知秦氏が中央政治に進出し、また摂津国豊嶋郡や河内国茨田郡の秦氏、さらには播磨国赤穂郡や豊前・豊後、越前や若狭など、各地で秦氏の活動が活発になっていった。農業生産だけでなく塩業、水産物の加工、銅産等々にめざましい成果を上げ、それらは水運や馬による陸上交通で流通していたようだ。

大化改新以後、奈良時代を通じて、中央の秦氏本宗家は山背国一帯の開発と勢力拡大に専念していたかのようにみえる。これがその後の長岡遷都・平安遷都の際の活躍につながった。自ら渡来人の血を受け継ぐ桓武は、母方の親族である百済王氏や和史のみならず、坂上氏や菅野氏なども登用し、渡来系氏族を自らの藩屏とするとともに、彼らの地位向上を図った。桓武が長岡京・平安京と山背遷都にこだわったのは、そこが秦氏を中心とした渡来系豪族が密集している地域だからではなかったか、と考えた。

日本人の祖形のひとつ

時代を通じて見えてくる彼らの特徴をまとめるならば、私は第一に彼らの非政治性を指摘したい。政治の前面からは中立を保ち、深く関わろうとせず、山背の開発に専念した。第二に地方に進出し、そこでさまざまな生産を振興し、これを朝廷に貢納したこと。それが秦氏を地域に根差した繁栄に導いた。第三に彼らに特徴的な世界観・宗教観を挙げたい。それは現実的・合理的であり、対立よりも共存共栄を志向する。現実主義的である一方、古い因習的な信仰からの脱却をめざし、合理的・普遍的な信仰を志向しているようにもみえる。

喧嘩している狼に対し、「汝らは貴き神」と讃えながら、一方ではこれを単なる動物とみる、開明的なところが秦氏にはあった。河勝が常世神信仰に怒りを抱き、弾圧したのは、生産を阻害する教えであることに対してであった。一方で彼らはいたずらに新しい大陸伝来の信仰を持ち込むのではなく、在来の信仰を尊重し、これを引き継ぐ順応性もあった。全体には古い原始的な神祇信仰からの脱却を図る文明的、現実主義的なところが、彼らの世界観にあったようにみえる。こうした宗教観は、その後の日本人にも大きな影響を与え、今日に至っているのではないか、とも思える。

息の長い繁栄

秦氏は同じ渡来系豪族ということで、倭漢氏と比較されることが多い。しかし私は本書のしめくくりに、あえて蘇我氏と比較して考えてみたい。そうすることで秦氏の特徴がより鮮明に浮かび上がってくるように思う。

そもそも蘇我氏には、配下の渡来人——倭漢氏や鞍作氏など——を駆使して朝廷の仕事を領導する、官僚的な性格があった。稲目や馬子が頭角を現したのはそこからだった。しかし馬子の時代ころから巨大な政治権力を手にするにつれて、官僚としての貌から豪族としての貌を強めていった。しかしそこに無理があった。蘇我氏の経済的・軍事的基盤は案外脆弱で、地方の蘇我部などとの結びつきも乏しかったにもかかわらず、馬子や入鹿は天皇と肩を並べ、やがてはこれを超えていこうとする志向性をもつようになっていた。このことが、彼らの滅亡のひとつの要因となったのである。

今こうした蘇我氏の帰趨を秦氏と比較すると、共通するところもあれば異なるところもある。秦氏には官僚としての能力があったし、蔵の管理などで貢献したことも多い。こうした有能さは蘇我氏と共通している。しかし秦氏の本領は、そうした官僚的な役割よりも豪族としての貌にあった。とりわけ大化の改新ころより、山背の秦氏は政治の前線から退き、桂川の改修を始めとして桂・嵯峨・太秦地域の開発に邁進するようになった。その結果、奈良時代には現在の京都市・向日市などは、ほぼ秦氏の領域と化していた。また地方にも彼らの勢力は伸張し、富裕な経済基盤を作り上げた。その実力は、中央政府も一目置かざるをえない状況であったろう。それが山背遷都につながるのだ。

時を追うにつれて官僚としてよりも、豪族としての貌の方が強まっていったという点では、秦氏と蘇我氏は似ているようにもみえる。ただ秦氏が蘇我氏と大きく異なるのは、秦氏はある時期から政治と距離をもち、王権に対して反乱を起こしたりしたことはなかったこと。そして、地方にも各地に経済基盤を築いて生産を進め、中央の秦氏と互いに支え合っていたことであろう。そこに両者の大きな差がある。蘇我氏とは対照的な、秦氏の地味だが息の長い繁栄の源が、こうしたところに見出されるのだ。

両氏の関係は必ずしも親密といえるものではなかったかもしれないが、共に大和政権の中核を担う存在であった点では違いがない。大和政権を一個の巨大な建造物に喩えるならば、蘇我氏はその上層にあって政治を主導し、秦氏は下層にあって経済を支えた。そこにおのずと役割分担というか、棲み分けのような関係が成立していたのかもしれない。

あらためて考えてみると、蘇我氏と秦氏とは山背大兄王滅亡事件の際に衝突する可能性があった。結果的には秦氏の自重によって、戦乱は拡大しなかったけれども、あのとき秦氏が山背大兄王の側についていたら、あるいは蘇我氏の側についていたら、その後の歴史はどうなっていたことだろう。この事件は、秦氏にとっても自らの行く末を左右する大きな転機だったといえるのではないだろうか。

おわりに

以前から気になる存在ではあったが、三年ほど前に文藝春秋の和賀正樹さんから「秦氏をテーマに文春新書を書いてください」と突然の電話を受けるまでは、この渡来系豪族は私にとって敬して遠ざけておきたい存在であった。研究史も一世紀に近い蓄積があるが、中には秦氏はキリスト教徒だったとか、ユダヤ人であったとか、シルクロードから来たといった類の説まである。多くの人々の関心と情熱とを集めている豪族であることは間違いない。私などが一朝一夕の勉強で歯が立つ相手ではないと思っていた。それでも和賀さんの粘り強い懇望にほだされて、少しずつ準備を始め、今年に入ってからようやく書き始めることができた。継体天皇や蘇我氏に劣らず謎に満ちたこの一大渡来豪族の実像にどこまで迫れたか心もとないけれども、今は読者の批判に委ねたいと思う。

秦氏の学術的な研究は、今から約百年前の一九一五年、著書『帝都』において、喜田貞吉によって創始された。以来、冒頭でご紹介した太田亮のほか、今井啓一、田中重久、大井重二郎、向井芳彦、大和岩雄など、この氏に本格的にとりくんだ学究には不思議と在野の人、また官学の出身でない人が多い。あるいは喜田貞吉のように、京都帝国大学教授ではあっても、在野の精神を持ち続けた人が多い。こうした傾向は今もあるのではないかと思う。

このことは別にしても、近年では上田正昭氏、井上満郎氏、加藤謙吉氏などの周到な研究、さらに若手では北條勝貴氏の意欲的な労作がある。本書はこれらの業績に付け加えることの少ない小著ではあるが、ここ数年、秦氏の影を追い求めてゆかりのある各地を訪ね歩いた、私のささやかな旅の記録でもある。

最後に本文で書き洩らした、秦氏の本拠地にある彼らを代表する二つの場所についても触れておこう。国宝第一号として知られる太秦広隆寺の半跏思惟像と、そこから南西へ五百メートルほど行った住宅街の中にある蛇塚古墳である。

昨今の仏像ブームの影響なのか、先日訪れた広隆寺の宝物館は、老若男女で溢れていた。訪れたのは何度目か、多すぎてもう覚えていないが、いったん対面するとなかなか立ち去り難い。まず手を合わせ、そのあと右斜めから優美で清らかなお顔をじっと見つめていると、心がゆっくりと落ち着いてくるのが感じられる。もう十年近く前、近くの学習塾でアルバイト講師をしていた頃、夏期講習の授業と授業の長い空き時間に暇を持て余してここを訪れたところ、悶々としていた心が何となく慰められたように感じたことがあった。

その傍らには秦河勝とその妻とされる素朴な木彫りの神像が鎮座する。二人は半跏思惟像を鎮護するかの如く、いかめしい顔をして坐っている。

この秦河勝の墓との伝承もあるのが蛇塚古墳である。大映商店街を南に降りた住宅街のなかに古墳はある。盛り土が失われ、石室の巨石が露出しているところは、飛鳥の石舞台古墳と近い。しかし、久しぶりに対面したこの古墳の巨大な石組にはあらためて衝撃を受けた。何層にも積み重ねられた異様なかたちの巨岩が高さ五メートルに聳える姿は、何か一種奇怪なオブジェのように映った。これを作った集団のエネルギーをまざまざと見せつけるような迫力である。

洗練された静謐な美と、ダイナミックな活力ある造形と、全く印象の異なるふたつのモニュメントを秦氏は残した。たしかにこの矛盾した形相が彼らにはあったように思う。そのいずれもが秦氏なのだろう。

最後に本書執筆の機会を与えてくださった文藝春秋の和賀正樹さん、一昨年よりお世話になっている堺女子短期大学の関係者の方々に感謝の意を表したいと思う。なお執筆にあたって参照した史料の多くは、龍谷大学図書館、堺女子短期大学図書館の蔵書から得た。併せて感謝の意を表したい。

水谷千秋

二〇〇九年十一月

《参考文献》

全体にわたるもの

平野邦雄「**秦氏の研究**」（『史学雑誌』第七十‐三・四号、一九六一年）／上田正昭『**帰化人**』（中公新書、一九六五年）／『**神道と東アジアの世界**』（徳間書店、一九九六年）／今井啓一『**秦河勝**』（綜芸社、一九六八年）／京都市編『**京都の歴史**』（学芸書林、一九六八〜七六年）／山尾幸久「**秦氏と漢氏**」（門脇禎二編『古代文化と地方』「地方文化の日本史」第二巻、文一総合出版、一九七八年）／「**古代豪族秦氏の足跡**」（「朱」四十号、一九九七年）／日野昭「**秦氏の伝承の性格**」（『日本古代氏族伝承の研究』続篇、永田文昌堂、一九八二年）／井上満郎『**渡来人**』（リブロポート、一九八七年）、『**京都 よみがえる古代**』（ミネルヴァ書房、一九九一年）、『**古代の日本と渡来人**』（明石書店、一九九九年）、「**深草の渡来人と稲荷社の成立**」（「朱」第四十五号、二〇〇二年）／中村修也『**秦氏とカモ氏**』（臨川書店、一九九四年）／大和岩雄『**秦氏の研究**』（大和書房、一九九三年）／加藤謙吉『**秦氏とその民**』（白水社、一九九八年）

はじめに

太田亮『**姓氏家系大辞典**』（一九三四〜三六年）／竹内理三「**古代の帰化人**」（『古代から中世へ』吉川弘文館、一九七八

年）／横田健一「**滅亡前における上宮王家の勢力について**」（『日本古代神話と氏族伝承』塙書房、一九八二年）／上田正昭「**伊奈利社と秦氏の活躍**」（「朱」第四十号、一九九七年）

第一章

鮎貝房之進『**雑攷　新羅王号攷・朝鮮国名攷**』（一九二六年）／西本昌弘「**楽浪・帯方二郡の興亡と漢人遺民の行方**」（「古代文化」第四十一号、一九八九年）／和田萃「**山背秦氏の一考察**」（京都大学考古学研究会編『嵯峨野の古墳時代』一九七一年）／平林章仁『**蘇我氏の実像と葛城氏**』（白水社、一九九六年）／北條勝貴「**山背嵯峨野の基層信仰と広隆寺仏教の発生**」（「日本宗教文化史研究」第三巻一号、一九九九年）

第二章

関晃『**帰化人**』（至文堂、一九六五年。二〇〇九年、講談社学術文庫で再刊）／佐伯有清『**新撰姓氏録の研究**』考証編四（吉川弘文館、一九八二年）／大野晋・佐竹昭広ほか編『**岩波古語辞典**』（岩波書店）／柳田國男「**餅を射る話**」（『一目小僧その他』筑摩書房）／小野重朗『**農耕儀礼の研究**』（弘文堂、一九七〇年）、『**南九州の民俗文化**』（法政大学出版局、一九九〇年）／松前健「**鴨と松尾の雷神たち**」（『松前健著作集』おうふう）、「**稲荷大社祭神論についての私見**」（「朱」第十九号、一九七五年）／丸川義広「**山城の渡来人**」（大橋信弥・花田勝広編『ヤマト王権と渡来人』サンライズ出版、二〇〇五年）／梅川光隆「**深草坊町遺跡**」（「昭和六十年度京都市埋蔵文化財調査概要」一九八八年）／（財）大阪府文化財センター『**北河内発掘　緑立つ道に歴史わきたつ**』（二〇〇五年）／横田健一「**滅亡前における上宮王家の勢力について**」

（前掲）／沢田吾一『**奈良朝時代民政経済の数的研究**』（柏書房、一九七二年）／鎌田元一「**日本古代の人口**」（『律令公民制の研究』塙書房、二〇〇一年）

第三章

丸川義広「**洛西山田の古墳分布について**」（『京都考古』第五十一号、一九八九年）／木下保明「**古墳時代の東山丘陵とその周辺**」（『朱』第四十一号、一九九八年）／鎌田元一「**嵯峨野の古墳群に関する覚書**」（京都大学考古学研究会編『嵯峨野の古墳時代』一九七一年）／都出比呂志「**古墳時代首長系譜の継続と断絶**」（『前方後円墳と社会』塙書房、二〇〇五年）／橋川正『**太秦広隆寺史**』（一九二三年）／大井重二郎「**上代山城における秦氏の繁延**」（『史迹と美術』第百二十号、一九四〇年）／田中重久『**聖徳太子御聖蹟の研究**』（全国書房、一九四四年）／毛利久「**広隆寺本尊と移建の問題**」（『日本仏像史研究』法蔵館、一九八〇年）／川尻秋生「**広隆寺と薬師信仰**」（『日本古代の格と資財帳』吉川弘文館、二〇〇三年）／梶原瑞司「**広隆寺創立伝承考**」（日野昭博士還暦記念論文集『歴史と伝承』永田文昌堂、一九八八年）／網伸也「**広隆寺創建問題に関する考古学的所見**」（滝口宏先生追悼考古学論集『古代探叢』IV、早稲田大学出版会、一九九五年）／谷川士清『**日本書紀通証**』（臨川書店、一九七八年）／飯田武郷『**日本書紀通釈**』（畝傍書房、一九四二年）／下出積与『**日本古代の神祇と道教**』（吉川弘文館、一九七二年）、『**道教〜その行動と思想**』（評論社、一九七一年）／仁藤敦史「**スルガ国造とスルガ国**」（『裾野市史研究』第四号、一九九二年）／京都市埋蔵文化財研究所調査報告第十四冊「**京都嵯峨野の遺跡**」（一九九七年）

第四章

新川登亀男『**上宮聖徳太子伝補闕記の研究**』（吉川弘文館、一九八〇年）／横田健一「**滅亡前における上宮王家の勢力について**」（前掲）／大橋信弥『**古代豪族と渡来人**』（吉川弘文館、二〇〇四年）／岡田精司『**八日市市史**』第二章（一九八三年）／小谷博泰『**木簡・金石文と記紀の研究**』（和泉書院、二〇〇六年）／平野邦雄『**帰化人と古代国家**』（吉川弘文館、一九九三年）／小島憲之校注『**日本古典文学大系　懐風藻　文華秀麗集　本朝文粋**』（岩波書店、一九六四年）／東京大学史料編纂所『**日本荘園絵図聚影**』（東大出版会、一九八八〜二〇〇七年）

第五章

福永伸哉「**畿内北部地域における前方後円墳の展開と消滅過程**」（『西日本における前方後円墳消滅過程の比較研究』二〇〇四年）／高橋照彦「**猪名川流域の古代氏族と勝福寺古墳**」（『勝福寺古墳の研究』六一書房、二〇〇七年）／植野加代子「**妙見信仰と秦氏の水上交通**」（「御影史学論集」第二十五）、「**能勢妙見と秦氏**」（「久里」第十号、二〇〇一年）、「**秦氏にとっての猪名川の役割**」（「久里」第十六・十七合併号、二〇〇五年）など／服部幸雄『**宿神論〜日本芸能民信仰の研究〜**』（岩波書店、二〇〇九年）／表章ほか校注『**日本思想大系　世阿弥**』（岩波書店、一九七四年）／志田延義『**日本歌謡圏史**』（至文堂、一九五八年）／田中久夫「**秦河勝と播磨の坂越**」（『金銀銅鉄伝承と歴史の道』岩田書院、一九九六年）／逵日出典『**八幡神と神仏習合**』（講談社、二〇〇七年）／今井啓一『**帰化人の研究**』（前掲）／平野邦雄『**帰化人と古代国家**』（前掲）／狩野久「**御食国と膳氏**」（『日本古代の国家と都城』東京大学出版会、一九九〇年）

第六章

喜田貞吉『**帝都**』（一九一五年）／滝川政次郎「**革命思想と長岡遷都**」（『京制並に都城制の研究』『法制史論叢』一九六七年）／林陸朗「**桓武天皇の政治思想**」（『平安時代の歴史と文学』歴史編、吉川弘文館、一九八一年）／清水みき「**桓武朝における遷都の論理**」（『日本古代国家の展開』上、思文閣出版、一九九五年）、「**桓武天皇の来た道**」（『桓武と激動の長岡京時代』山川出版、二〇〇九年）／林屋辰三郎「**平安新京の経済的支柱**」（『古代の環境』岩波書店、一九八八年）／村尾次郎『**人物叢書 桓武天皇**』（吉川弘文館、一九六三年）／井上満郎『**桓武天皇**』（ミネルヴァ書房、二〇〇六年）／大坪秀敏『**百済王氏と古代日本**』（雄山閣、二〇〇八年）／京都市埋蔵文化財研究所調査報告第十三冊「**平安京Ⅰ**」（一九九五年）／佐伯有清「**奈良・平安遷都とその建議者達**」（『日本古代の政治と社会』吉川弘文館、一九七〇年）／平野邦雄『**人物叢書 和気清麻呂**』（吉川弘文館、一九六四年）／田中史生『**日本古代国家の民族支配と渡来人**』（校倉書房、一九九七年）

第七章

上田正昭「**渡来の神**」（『古代の道教と朝鮮文化』人文書院、一九八五年）、「**大年神の系譜**」・「**神楽の命脈**」（『古代伝承史の研究』塙書房、一九九一年）／北條勝貴「**松尾大社における大山咋神奉祀の原初形態**」（平田耿二教授還暦記念論文集『歴史における史料の発見』一九九七年）、「**山背嵯峨野の基層信仰と広隆寺仏教の発生**」（前掲）、「**松尾大社における市杵嶋姫命の鎮座について**」（『国立歴史民俗博物館研究報告』第七十二集、一九九七年）／松前健「**尚侍所神楽の成立**」（『古代伝承と宮廷祭祀』塙書房、一九七四年）、「**尾張氏の系譜と天照御魂神**」（三品彰英編『日本書紀研究』第五冊、塙書房、

一九七一年）／上井久義「**秦氏と鴨氏の連繫**」（『琉球の宗教と古代の親族』「上井久義著作集」第六巻、清文堂出版、二〇〇五年）／日野昭「**穀物神と土地神**」（「龍谷大学仏教文化研究所紀要」第十八集、一九七九年）／小林茂美「**韓神の藝態論序説Ⅰ－Ⅱ**」（「朱」第二十、二十一号、一九七六年）／根川幸男「**園韓神祭の周辺**」（日野昭博士還暦記念論文集『歴史と伝承』永田文昌堂、一九八八年）／伴信友「**蕃神考**」（『伴信友著作集』第二巻、国書刊行会）／義江明子『**日本古代の氏の構造**』（吉川弘文館、一九八六年）／古代学協会・古代学研究所『**平安京提要**』（角川書店、一九九四年）

水谷千秋（みずたに　ちあき）

1962年、滋賀県大津市生まれ。龍谷大学大学院文学研究科博士後期課程単位取得（国史学）。博士（文学）。現在、堺女子短期大学准教授、龍谷大学非常勤講師。日本古代史、日本文化史専攻。著書に『継体天皇と古代の王権』（和泉書院）、『謎の大王　継体天皇』『女帝と譲位の古代史』『謎の豪族　蘇我氏』（文春新書）がある。

文春新書

734

謎《なぞ》の渡来人《とらいじん》　秦氏《はたし》

2009年（平成21年）12月20日　第1刷発行
2012年（平成24年）7月1日　第4刷発行

著　者　水谷千秋
発行者　飯窪成幸
発行所　株式会社　文藝春秋

〒102-8008　東京都千代田区紀尾井町3-23
電話（03）3265-1211（代表）

印刷所　理想社
付物印刷　大日本印刷
製本所　大口製本

定価はカバーに表示してあります。
万一、落丁・乱丁の場合は小社製作部宛お送り下さい。
送料小社負担でお取替え致します。

ISBN978-4-16-660734-1

◆日本の歴史

昭和陸海軍の失敗 半藤一利・秦郁彦・平間洋一・保阪正康・黒野耐・戸髙一成・戸部良一・福田和也
あの戦争になぜ負けたのか 半藤一利・保阪正康・中西輝政・戸髙一成・福田和也・加藤陽子
二十世紀日本の戦争 阿川弘之・猪瀬直樹・中西輝政・秦郁彦・福田和也
零戦と戦艦大和 半藤一利・秦郁彦・前間孝則・鎌田伸一・戸髙一成・江畑謙介・兵頭二十八・福田和也・清水政彦
十七歳の硫黄島 秋草鶴次
指揮官の決断 満州とアッツの将軍 樋口季一郎 早坂隆
硫黄島 栗林中将の最期 梯久美子
特攻とは何か 森史朗
銀時計の特攻 江森敬治
帝国陸軍の栄光と転落 別宮暖朗
帝国海軍の勝利と滅亡 別宮暖朗
日本兵捕虜は何をしゃべったか 山本武利
幻の終戦工作 竹内修司
東京裁判を正しく読む 牛村圭・日暮吉延
昭和史の論点 坂本多加雄・秦郁彦・半藤一利・保阪正康
昭和の名将と愚将 半藤一利・保阪正康
昭和史入門 保阪正康
対談 昭和史発掘 松本清張

昭和十二年の「週刊文春」 菊池信平編
昭和二十年の「文藝春秋」 文春新書編集部編
「昭和80年」戦後の読み方 中曾根康弘・西部邁・松井孝典・松本健一
誰も「戦後」を覚えていない 鴨下信一
誰も「戦後」を覚えていない［昭和20年代後半篇］ 鴨下信一
誰も「戦後」を覚えていない［昭和30年代篇］ 鴨下信一
ユリ・ゲラーがやってきた 鴨下信一
戦後10年 東京の下町 京須偕充
評伝 若泉敬 ―愛国の密使 森田吉彦
同時代も歴史である 一九七九年問題 坪内祐三
シェーの時代 泉麻人
昭和の遺書 梯久美子
父が子に教える昭和史 福田和也ほか
歴史人口学で見た日本 速水融
コメを選んだ日本の歴史 原田信男
閨閥の日本史 中嶋繁雄
名字と日本人 武光誠
日本の童貞 渋谷知美

日本の偽書 藤原明
明治・大正・昭和 30の「真実」 三代史研究会
明治・大正・昭和史 話のたね100 三代史研究会
真説の日本史 365日事典 楠木誠一郎
日本文明77の鍵 梅棹忠夫編著
「悪所」の民俗誌 沖浦和光
旅芸人のいた風景 沖浦和光
貧民の帝都 塩見鮮一郎
史実を歩く 吉村昭
手紙のなかの日本人 半藤一利
「阿修羅像」の真実 長部日出雄
日本人の誇り 藤原正彦
謎とき平清盛 本郷和人
よみがえる昭和天皇 辺見じゅん・保阪正康
高橋是清と井上準之助 鈴木隆

(2012.4) A

文春新書好評既刊

水谷千秋
謎の豪族 蘇我氏

大化の改新より逆賊とされてきた飛鳥第一の豪族を、初めてメインに取り上げ、古代王朝のシステムとアジア情勢を見直す画期的研究

495

白石太一郎
古墳とヤマト政権
古代国家はいかに形成されたか

ヤマト政権が成立したのは、果して三世紀か、五世紀か、七世紀か。最新の発掘成果をふまえて古代史最大の謎・この国のルーツに迫る

036

水谷千秋
謎の大王 継体天皇

大和から遠く離れた地に生まれ異例の形で即位した天皇。そしてその死も深い闇に包まれている。現代天皇家の祖はどんな人物なのか

192

河合信和
旧石器遺跡捏造

あまりにもお粗末だった捏造の手口。その検証のプロセスをたどって、考古学史上最大の汚点とも言われた事件の全容を明らかにする

297

水谷千秋
女帝と譲位の古代史

推古・持統・元明……古代の女帝たちは単なる「中継ぎ」ではなかった。『謎の大王 継体天皇』の著者が、古代天皇制理解の急所に迫る

354

文藝春秋刊